长江港口物流服务供应链柔性构建问题研究

高 飞 著

合肥工业大学出版社

前　言

随着社会经济和现代物流业的快速发展，市场对长江港口物流服务能力的要求将越来越高，企业为增强核心能力和提升运营能力，更加希望物流服务供应商能提供一体化和个性化的物流服务。所以，长江港口联合相关物流节点企业有效融合为一体，形成高效的港口物流服务供应链，是其发展必然之路。同时为适应市场需求和环境变化，物流服务供应链如何实现柔性运作，为经济快速发展提供定制物流服务以满足客户需求，也是长江港口物流服务供应链可否持续发展的决定因素之一。因此，探索新一代长江港口的功能特征，揭示港口发展的新规律，提升港口的竞争能力，已经成为热点问题。本书具体内容如下：

一是长江港口物流发展现状。重点分析长江港口物流发展现状与趋势，并深入透析长江港口物流发展中存在的问题及其原因。

二是长江港口物流发展模式。通过分析世界典型港口物流发展模式，总结经验，揭发启示，进而对我国长江港口物流发展模式的构建进行设想，分析构建措施，最后以芜湖港为例进行实证探讨。

三是现代港口物流服务供应链理论。从服务供应链的内涵、特征及关键问题的理解到港口物流服务供应链的内涵、特征等基本理论进行阐述与探讨。

四是物流服务供应链结构体系。以物流服务供应链的发展理论为基础，分析港口物流服务供应链系统及其参与成员，探讨港口物流服务供应链结构体系和管理活动问题。

　　五是港口物流服务任务分配。根据任务分配理论和方法，借鉴任务分配的研究现状，对港口服务供应链任务的内涵及特征进行界定，并对具体任务进行描述。在深入探讨港口服务供应链任务分配机制与原则的基础上，初步构建港口服务供应链任务分配模型。

　　六是港口物流服务供应商选择，通过对港口物流服务供应商的理论分析，进而深入探讨港口物流服务供应商的选择标准、选择评价及应考虑的重要因素和优化步骤。

　　七是长江港口物流服务供应链柔性构建。根据柔性设计理论，深入探讨长江港口物流服务供应链柔性构建的思路，并提出构建步骤、原则、框架以及措施等。

　　八是长江港口物流服务供应链绩效评价。根据物流服务供应链的协同理论，深入探讨绩效评价的必要性和设立原则，在此基础上构建长江港口物流服务供应链绩效评价指标体系。

目　录

第一章　长江港口物流发展现状 …………………………………（001）

第二章　长江港口物流发展模式 …………………………………（010）

第三章　现代港口物流服务供应链理论 …………………………（037）

第四章　物流服务供应链结构体系 ………………………………（057）

第五章　港口物流服务任务分配 …………………………………（071）

第六章　港口物流服务供应商选择 ………………………………（091）

第七章　长江港口物流服务供应链柔性构建 ……………………（109）

第八章　长江港口物流服务供应链绩效评价 ……………………（131）

参考文献 ……………………………………………………………（148）

第一章　长江港口物流发展现状

一、长江港口物流发展现状

（一）长江港口物流发展现状

近年来，随着长江经济带腹地经济的蓬勃发展，长江黄金水道航道条件的进一步改善，长江各主要港口吞吐量飙升，港口建设取得重大进展，机械化、规模化水平明显提高，港口的功能在传统的装卸、转运业务基础上开始向包装、加工、仓储、配送、提供信息服务等高附加值综合物流功能拓展。长江干流沿线已形成一批大中小港口相结合，以主要港口为骨干、地区性重要港口为辅、其他港口互为补充、分层次的港口布局，构成三峡库区、长江中游和长江三角洲区域性港口群，基本涵盖整个长江流域，形成了以石化、煤炭、矿石、集装箱和通用件杂货等大宗货物运输为主体的运输系统格局。

1. 沿口港口及运输工具概况

长江干线有港点220余个，共有15个一类开放港口口岸，初步形成了以重庆、宜昌、城陵矶、武汉、九江、芜湖、南京、镇江等大中城市为依托、大中小型港口相结合，铁水、公水、江海河联运的港口体系。长江水系省际运输船舶约8.1万艘、1970万载重吨，船舶平均吨位达244吨。机动驳比重不断上升，一些新型专用船舶如化学品船、液化气船、汽车滚装船、散装水泥船从无到有，已初具规模。

2. 基础设施及运输船舶概况

长江干线水富—长江口航道里程计2838公里，水富至宜昌1074公里。

可通航 500～3000 吨级内河船舶；宜昌至武汉 624 公里可通航 1000～3000 吨级内河船舶及组成的船队；武汉至长江口 11400 公里里可通航 3000～5000 吨级内河船舶及其组成的船队。武汉以下可通航 5000 吨级海船，南京以下常年通航 3 万吨级海船，5 万吨级海船可乘潮到南京。

3. 市场主体发展概况

长江干线主要港口企业有上海国际港务（集团）股份有限公司、南京港口集团、芜湖港口集团、武汉港务集团有限公司、宜昌港口集团、重庆港口集团等，随着长江流域经济的持续稳定发展，港口企业呈现码头泊位深水化、运输集装箱化、高科技化和港口经营多样化等特点。长江水系从事省际运输的航运企业主要有中国远洋物流有限公司、中海集团物流有限公司、长航集团和长安民生等。长江流域主要货运代理企业有中远、中外运、长航集团和民生等，分别在不同区域占据主要市场份额。

4. 货运量及主要货类的市场前景分析

长江干线 2010 年货运量就达到 5.9 亿吨，与 2003 年比年均增长率为 7.1%，2020 年货运量将达到 8.0 亿吨，2010～2020 年年均增长率为 3.1%。未来一段时间液体化工散货市场中原油运输格局将发生较大变化，但长江水运在长江流域地区的原油运输市场中仍占一定的市场份额，成品油及其石油制品运输市场格局变化不大。干散货市场中煤炭运输的需求近期将保持较快增长，远期受"西电东送""西气东输""一路一带"及长江地区能源结构调整的影响增幅放缓。金属矿石需求增加，矿石将是长江港口吞吐量增长的动力之一。各种金属矿石有许多不进入社会流通领域，以企业内部物流较多。非金属矿石受资源条件的影响，增幅有限，但随着钢铁工业和水泥工业的发展，建材用矿和冶金辅料的需求旺盛，是非金属矿石运输的主要增长因素。矿建材料主要集中在黄砂开采集中地（湖北、江西、安徽）的长江区间运输和下行运往长江三角洲地区，需求不断上升。件杂货市场中钢材外贸进出口呈较快增长态势。长江水泥产业带将建成我国建材工业的外贸出口基地之一，集装箱市场随着外贸规模的不断扩大而持续快速增长。

5. 长江港口发展的战略机遇

近年来，国际产业和资本加速向长江流域大规模转移，特别是国际资本的转移以加工制造业为主，这些都须以发达的现代物流为重要条件。因为作为投资方，对资本与制造业的承接地的关注，已经不只是停留在其单方面的产业竞争优势，同时也更为注重产业的集聚配套服务，特别是现代制造业的中间环节的分离和两端的延伸。所以随着国际资本技术密集型产业向长江三角洲转移的不断加快，区域竞争制高点的抢占，已经转变为建设先进制造业基地以及港口物流的抢占。另外，随着国际服务业向我国转移步伐的加快，各地都形成了加速发展现代服务业的共识。这些都必将给长江港口企业带来巨大的发展空间，是长江港口企业一个千载难逢的机遇，同时也是长江地区加快发展、提高区域竞争力的重要机遇，必须牢牢把握。

2014年9月22日起，长三角三省一市的上海、南京、杭州、宁波、合肥海关率先全面展开长江经济带海关区域通关一体化改革，这种"多地通关，如同一关"的通关一体化，将是改革开放以来海关最具革命性的变革，将通过建立区域通关中心，打造统一的申报平台、风险防控平台、专业审单平台和现场作业平台，实现区域内企业自主选择报关纳税和货物验放地点。随着区域通关一体化改革的推进，长江经济带的通关成本、管理成本将得以精简，从而实现经济效益和社会效益的叠加。以一个40呎进口海运集装箱（不查验）从上海外港运输到苏州地区为例，选择一体化通关作业模式的通关费用明显比其他通关模式的费用要低，比最高值下降约27.49%，长江港口将迎来新的发展机遇。

（二）长江港口物流发展趋势

现代物流业的发展拓展了长江沿线港口的发展空间，为港口加快产业升级，向更大的发展空间和更高的发展层次跃升提供了机遇。随着长江流域经济发展及对长江航运需求的增长和变化，长江沿线港口发展进一步加快，并呈现新的变化。

1. 长江沿线港口吞吐量继续保持高速增长

长江经济带作为我国重要的经济带，具有较为优良的区位优势和相当的经济实力。从其所在区域的经济综合实力来看，由于有长江黄金水道、铁路干线和高速公路干线的带动，沿江城市经济发展较快，沿江城市的集聚与扩散作用发挥明显。从发展趋势分析，随着沿江地区经济发展目标的逐步实现，以及区域内综合运输网络与国家综合运输网络的逐步融合与完善，未来长江经济带的物流服务将超出腹地的地理范围；以沿江中心城市为中心服务枢纽的物流需求分布将日趋广泛，不仅将涵盖整个长江经济带，还将随着经济带及周边经济交流规模的不断扩大和长江经济带经济实力增长带来的辐射能力增强，延伸到包括周边省市的广大区域，物流需求分布的外延性开始增强。"十二五"期间，随着长江流域经济的增长，长江沿线港口吞吐量继续保持增长态势。

2. 码头靠泊吨级加大

《长江干流航道发展规划》明确提出，到 2020 年将大幅提高干流航道特别是长江中上游航道等级，实现重庆—城陵矶航道维护水深 3.2 米、城陵矶—武汉 3.7 米、武汉—铜陵 4.5 米、铜陵—南石 6.0 米、南京—浏河口 12.5 米的建设标准。为充分利用这一有利形势，长江沿线各港在建设新泊位和老泊位改造时，纷纷将提高靠泊等级作为发展方向。例如，重庆港在九龙坡和寸滩集装箱码头建设中，靠泊等级提高到 144TEU 集装箱船，武汉国际集装箱转运中心码头吨级提高到 5000 吨江海轮，南京以下码头绝大多数都是按 2.5~3 万吨级建设，南通港更建设了内河第一座 10 万吨级码头。码头大型化发展是长江港口建设的一大趋势。

3. 专业化码头建设方兴未艾

随着长江经济带的经济发展，钢铁、建材、化工、电力、汽车工业纷纷依托长江水道迅速发展。由于这些工业所需的原料及其产成品必须由水路运输，所以，未来一段时间，长江干流与之配套已建成并将继续建设大量专业化码头。《长江航运"十二五"发展规划》已明确将沿线港口发展重心放在集装箱、煤炭、矿产、汽车滚装、石化产品等专业化港口的建设上，并鼓励各港口建设物流园区。

4. 以港口为中心的物流网络不断扩展

长江沿线集装箱港口正在以枢纽港为基础，建立起港口区域性的物流服务中心，同时配合喂给港、支线港联动，形成具有长江水系特色的现代物流服务体系。例如，武汉市政府对于港口物流发展已明确定位：充分利用长江、汉江黄金水道，发挥武汉港作为我国内陆枢纽大港的有利地位和阳逻深水港区发展集装箱货运的潜在优势，大力发展水上运输，使武汉成为华中地区的物流中心。此外，一些港口利用区位优势和长期积累的服务特色优势，向物流转运中心发展，其服务区域半径不断延伸。例如，张家港港区已成为华东地区最大的木材转运中心和销售中心，常熟港区正逐步成为华东地区最大的钢材集散地。

5. 外资和国内非港口企业资本投资码头的力度进一步加大

以港口为平台的大物流的发展，突出了港口城市在区域中的口岸优势和中心城市核心价值，港口城市的发展已处于重要战略机遇期。"港为城用，城以港兴"又在新的发展战略层面赋予了新的内涵。目前，长江面临新一轮建港热潮，加入 WTO 后，外资进入港口行业的速度进一步加快。随着港口管理体制改革的顺利进行以及港口民营化发展，国内外各种资本快速流向前景看好的长江港口建设，投资港口建设持续升温。

（三）长江港口物流发展模式现状

发展模式的选择是长江港口发展现代物流的关键，能否有效地选择适合自身发展的模式将关系企业物流发展的成败。从国内外港口企业发展现代物流的历程看，大型港口多以自建、改建为主，中小型港口以联建为主，由于我国物流条块分割、地区分割、部门分割的现状，根据企业利用资源的角度来分，目前长江港口企业结合自身情况主要选择了以下几种发展模式：

1. 改革改进型

按现代物流理念，改造港口业务流程和管理方式，整合现有物流资源，使港口管理及运营方式向一体化、信息化、网络化、专业化方向转变，逐步将传统企业改造成现代物流企业。改革改造的重点：一是按一体化运营思路，改变现有管理服务方式，由组货、代理、运输、仓储堆存、装卸等环节各自为政、分头对外，变为"一条龙"服务；二是有效整合港口内部和社会物流资源，简化业务流程，提高作业效率，降低综合物流成本；三是按照现代物流标准，对现有服务设施进行改造，提高物流设施、设备技术水平；四是以信息化为龙头，改造企业现有业务网络、信息网络，实现与客户在信息资源上的共享。此种模式进行的工作基本属于港口内部事务，不需要大的投资，对长江港口企业而言，简单易行，具有较强的可操作性。

2. 政府促动型

将港口物流纳入所在地城市物流建设之中，充分利用政府在推进物流发展中的作用和给予优惠政策，充分发挥港口在物流链中的核心作用，在政府宏观规划物流发展过程中获得港口物流的发展。

3. 筑巢引凤型

港口利用自身区位、库场、后方土地资源等优势，搭建物流平台，吸引社会物流企业进入，促进港口物流发展。在港区周围发展大型商贸中心，有条件的长江港口企业可以利用现有库场设施，吸引社会物流企业进入，由此推动港口物流的发展。

4. 业务拓展型

突破装卸、堆存等传统港口业务的范围，与运输、代理等企业合作，根据用户需求在港区开展加工、分包装等延伸服务，争取为客户提供全方位的第三方物流服务。业务延伸不仅可以为客户提供更加周到的服务，同时可以有效地增强港口竞争力，提高企业效益。据了解，目前许多长江港口企业都在积极拓展相关延伸服务，争取为港口创造更大的发展空间，这也是长江港口企业近年来服务功能变化的共同特点，是可行的、有效的，可以为港口开展更高层次的物流发展打下基础。

5. 跟随型

目前许多中心城市、大型港口已规划建设了物流园区，长江港口企业可以积极参与，争取成为大型物流园区的一部分，在参与过程中提升物流服务水平，获得在物流发展中的应有地位，以免被排斥在物流发展大潮之外。此种模式适用于与大型物流园区、物流中心邻近的长江港口企业。

总体而言，目前许多长江港口企业本着调结构、强效益的原则，坚持以市场为主导，正在加快推进物流发展模式的转变和转型升级。努力发展规模化、集约化、网络化物流体系，努力构建干支直达、江海联运，为加快形成集装箱、铁矿石、煤炭、滚装汽车、石油及液体化工综合物流体系而奋进。但是长江港口企业基础相对薄弱，物流发展模式的不成熟，无法满足长江经济社会发展日益增高的物流需求，严重制约了长江经济发展。

二、长江港口物流发展存在的主要问题及原因分析

目前长江港口企业物流发展模式的内外资源仍存在一些的问题，影响

其充分发挥，从总体来看，长江港口企业现代物流处在刚起步阶段，发展水平比较低。这一方面是由经济发展水平所决定的，另一更为重要的方面是还存在着许多影响和制约现代物流发展的因素。主要表现在：

1. 港口管理体制障碍

由于历史原因，港口建设和管理体制比较复杂，导致港口建设走不出自我积累、自我发展的小圈子，缺乏建设的大手笔，丧失了一些加快发展的机遇。缺乏大规模的面向境外和全国的市场支撑，使得运输（特别是国际运输）的需求相对不足。

2. 专业化港口建设滞后

一般来说大多数港口吞吐量中煤炭、原油、杂件占了很大的比重，而体现国际航运物流主流的集装箱吞吐量所占比重很小；港口建设仍停留于传统的货物仓储、装卸、中转层次，不适应现代物流业发展的需要。

3. 港口后方产业缺乏整体规划

港口后方产业都制订了扩容升级的新规划。但有的规划起点不高，视界不宽，前瞻性不强，各项专业规划彼此衔接不够，没有从整体上考虑并安排落实产业与港口联动发展。因而在实施过程中，基础设施衔接水平不高，集多种运输方式于一体的综合性物流枢纽发展较为滞后，条块分割、资源分散，难以形成整体，不利于长远发展。

4. 物流要素发展不平衡

不同地区物流要素发展是不平衡的，在一定程度上影响了物流服务的效率，主要表现为：长江港口企业物流基础设施尚不完善，尤其是信息化程度不高；部分设施功能尚未充分发挥，特别是物流人才缺乏等。对经营网络、多种运输方式联动的控制力相对较弱，经营业务分散，产业社会化、组织化程度低，仓储布局不尽合理，物流技术含量不高，难以满足工商企业日益精细化、差别化物流服务的需求。

5. 港口物流的信息系统利用率不高

尽管长江港口企业的信息化投入较大，信息化建设已经初见成效，但是信息化服务水平还较低。港口物流信息系统没有形成统一标准，还不能适应发展要求，导致一些单位和部门之间建立的信息数据库不能相互沟通，形成信息"孤岛"；物流作业各环节之间没有较好衔接，数据交换和信息共享实现困难，物流活动难以顺畅进行，客户需求不能得到满足，专业化物流服务的方式有限。

6. 物流标准化水平低

中国物流标准化建设处于起步阶段，还存在着方方面面的问题。比如各类运输方式间装备标准不一致、物流器具标准不配套、信息技术不能实现自动无缝衔接与处理、物流标准的应用推广难等问题，这些都限制了长江港口物流的发展，降低了物流效率。由于标准不统一，信息系统不能互联互通，影响了公共物流信息和技术服务平台的发展，反过来又影响了各信息系统的使用价值。

7. 政企不分的现象依然存在，不利于港口物流业的建设和发展

中国长江港口的管理体制仍存在"政企合一"的现象，港口企业无法按现代企业制度实现自主决策、自主经营，致使与港口关联的临港工业、商贸业、运输业、港口服务业以及现代物流得不到相应发展。港口功能结构不合理，且较为单一。

8. 缺乏高素质的现代物流人才

现代港口物流作业过程环节复杂，信息量大，对技术需求高，各种物流信息具有不确定性、难以捕捉的特点。因此，现代港口物流企业应属于人才密集型企业，而中国港口物流的专业人才极其匮乏，普遍缺乏现代物流意识，特别是地区经济不太发达的长江港口企业。这同时导致了专业化物流服务方式有限，物流企业的经营管理水平有待提高。

9. 物流联盟程度低

港口物流的信息系统利用率不高，各港口物流业基本上处在无序竞争状态。码头前方装卸与后方仓储、运输不协调。尤其是后方仓储，运输业规模小，多数仍为粗放式经营，物流信息管理和技术手段较为落后。

综上所述，尽管长江港口还面临许多问题与挑战，但我们更应该看到国家仍处于发展的重要战略机遇期，长江港口企业仍处在大建设大发展时期，长江港口企业发展的基本态势没有改变。首先，为应对经济新常态，中央果断实施"产业转型、调整结构"政策，国家和长江省市采取了一系列扭转经济下滑的政策措施，长江流域经济有望保持平稳较快发展。其次，交通运输部已将长江黄金水道列为今明两年国家扩大内需加快交通运

输基础设施建设的重点之一。近年来，交通运输部连续批准了一批长江干线航道整治及支持保障系统建设项目，涉及投资近 50 亿元。第三，自 2005 年成功拉开了合力建设长江黄金水道的序幕以来，国家和沿长江省市的投资和政策扶持力度不断加大，发展现代长江航运，加快综合运输体系建设已经成为长江流域经济社会科学发展的客观需要。第四，近年来，随着信息化的发展，长江航运各级网上办公平台逐步建立，全长 2425 公里的重庆至上海光纤电路全线贯通，数字航道、智能航运建设加快了步伐，信息化发展正逐步走向统一标准、协同共享、综合服务的新阶段，将带给长江港口企业更深层次的变革，向着现代化的方向迈进。

第二章　长江港口物流发展模式

一、世界典型港口物流发展模式及启示

常言道："它山之石，可以攻玉"。为了发展我国的长江港口物流，首先要积极学习国外典型港口物流发展模式的先进经验。国外先进典型港口物流发展模式的经验对我们具有重要的启示和借鉴意义。

（一）国外典型港口物流发展模式

1. 鹿特丹港的物流发展概况及发展模式

鹿特丹港位于荷兰西南沿海莱茵河和马斯河入海的三角洲上，临近世界海运最繁忙的多佛尔海峡，是国际水陆空交通重要枢纽，素有"欧洲门户"之称。

鹿特丹港不仅货物吞吐量大，而且由于国有和私营企业对不同种类市场都进行大额投资，其装卸货种也十分繁多，可以称其为化学品港、铁矿港、（液体）散货港、汽车港、件杂货港、冷冻货港和集装箱港。鹿特丹是荷兰的交通枢纽，铁路、公路纵贯南北，火车、汽车往来如梭，铁路及公路均通往西欧各国各主要大城市，水陆交通融为一体，确保了鹿特丹的重要地位。

鹿特丹港的物流发展模式简单说来可以称之为地主型物流中心模式。具体运作是：港口管理局拥有很大的经营管理自主权和土地使用权，由其统一港口地区的码头设施和临港工业以及其他设施的用地管理。通常港口管理局拿出一部分仓库和堆场开辟为公共型港口物流中心，仅负责管理和提供基础设施和配套服务，本身不直接参与物流中心的经营。当物流中心

建成后再由港口管理局有重点地选择业务基础牢固、信誉好的物流经营方加盟，逐步吸纳工商企业加入物流中心，并将原材料采购、配送等职能交由物流中心负责，参与供应链管理。地主型物流中心的管理模式代表着当今世界港口物流发展的一个主要方向，除鹿特丹港之外，目前美国的纽约新泽西港、巴尔的摩港、德国的汉堡港和法国的马赛港等世界著名港口均采用了这种经营管理模式。具体说来鹿特丹港物流发展模式主要有以下几个特点：

（1）政府统一规划，企业自主经营。鹿特丹港的土地，岸线和基础设施的所有权属于鹿特丹市政府，市政府下设港务局，负责港口的开发建设和日常管理工作。港务局对港区内的土地、码头、航道和其他设施统一规划和投资开发，在港区内开辟专门的物流中心，重点引进和布局与港口相关的产业。参与经营的私人企业以租赁方式进行，一般只需投资码头上部份的机械设备、库场及其他一些辅助配套设施，从而使更多的企业能参与港口的经营。

（2）配套设施完备，运作效率高。鹿特丹港配套设施完备，并拥有电子数据交换系统和自动化导航系统，港口管理设备和操作手段高度现代化。畅通快捷的海关服务确保港口货物的及时发送，同时完善的水陆空交通运输网使得货物能快速地送达目的地。

（3）物流中心专业化、规模化。鹿特丹港成功的一个关键就在于在有限的港口资源条件下建立和发展物流中心，早在 1998 年该港就建立了"配送园区"，发展专业化的物流服务，从而成为世界各港纷纷仿效的范例。目前鹿特丹港区及腹地设有 Eemhaven、Botlek 和 Maasvlakte 三个专业化的大型物流中心。Eemhaven 物流中心面积为 35 万平方米，主要提供大宗产品如木材、钢材等的储存和配送服务；Botlek 物流中心面积约 86 万平方米，是石油、化工产品专业配送中心；Maasvlakte 物流中心面积约 125 万平方米，该中心入驻许多计划在欧洲建立配送中心和加强供应链控制的大型企业。这些物流中心采用最先进的通信和信息技术，并拥有充足、熟练、专业的劳动力，可提供各项增值服务以及海关的现场办公服务。

（4）港城一体化的国际城市以及现代化的港口建设。鹿特丹作为重要的国际贸易中心和工业基地，在港区内实行"比自由港还自由"的政策，是一个典型的港城一体化的国际城市，拥有大约3500家国际贸易公司，拥有一条包括炼油、石油化工、船舶修造、港口机械、食品等部门的临海沿河工业带。在港口建设方面，鹿特丹港以新航道为主轴，港池多采用挖入式，雁列于主航道两侧，按功能分设干散货、集装箱、滚装船、液货及原油等专用和多用码头，实行"保税仓库区"制度，形成由港口铁路、公路、内河、管道和城市交通系统及机场连接的完善的集疏运系统。

（5）与港口腹地工业形成的物流链已成为鹿特丹港经济的重要组成部分。鹿特丹港约有50%的增加值来自港口工业。鹿特丹港是世界三大炼油基地之一，也是主要的化工工业基地，全球著名的炼油及化工企业如壳牌、埃索、科威特石油公司、阿克苏诺贝尔、伊斯特曼等都在鹿特丹港设点落户。此外，食品工业是港口另一个非常重要的工业。对于欧洲各大超市来说，鹿特丹是它位于海边的超市，它们可以在鹿特丹找到想要的所有东西。

2. 安特卫普港物流发展概况及发展模式

安特卫普位于比利时北部沿海斯海尔德（Schelde）河下游右岸，有两条河底隧道相通，北距北海约80公里，东有阿尔贝特（Albert）运河直通马斯（MS）河，是比利时的最大海港，也是著名的亿吨大港之一。安特卫普港是比利时、荷兰、卢森堡、德国和法国的主要进出门户，港口的地理位置接近欧洲主要生产和消费中心，吞吐量的一半为转口贸易，是欧洲汽车、纸张、新鲜水果等产品的分拨中心。安特卫普港区有散货泊位54个，杂货泊位20个，集装箱泊位39个，油码头泊位14个。装卸设备先进，基础设施完善，拥有1200万平方米的露天堆物和仓库，其中仓库总面积480万平方米，远远超过鹿特丹（190万平方米）、汉堡（90万平方米）等欧洲大港。油库容积达98万 m^3。此外，安特卫普港还是欧洲最大的钢铁港口，每年处理钢铁制品约800万公吨。安特卫普港的物流发展模式属于共同出资型物流中心，即多方合资经营港口物流中心。这种模式通常是以港口为依托，联合数家水、陆运输企业或以股份制形式组成现代物流中心，成为装卸、仓储、运输、配送、信息处理的统一体，开展一条龙、门到门、架到架的综合性服务。这种模式的优点是一方面可以解决港口资金缺乏的困境，另一方面通过与国内外先进的物流企业进行合作，更快地了解和掌握国际上现代化物流中心的经营和管理技术及运作方式。具体来说，安特卫普港口物流的发展模式主要有以下几个特点：

（1）港务局与私营企业共同投资。安特卫普在港口物流中心的建设过程中，港务局的投资主要集中在港口基础设施上，而物流、土地开发以及海运业务则由私营企业经营。多年来，安特卫普港务局预留了大批地块用于发展港内斯海尔德河两岸的配送业务。由于政策良好，安特卫普的物流发展取得了很大的成就。

（2）基础设施完善为物流中心发展提供良好的条件。首先，安特卫普港拥有良好的硬件设施，备有各式仓库和专用设备，建有炼油、化工、石化、汽车装备和船舶修理等工业开发区。其次，安特卫普港有两套电子数据交换系统，一是信息控制系统（Apics），用于导航；二是电子数据交换系统（Seagha），用于企业之间的数据和信息交换。依靠现代化的信息控制和电子数据交换系统，安特卫普港大大提高了工作效率和物流效益。

（3）完善的交通网络保证商品运输的畅通。安特卫普港与世界上 100 多个国家和地区建立了贸易关系，拥有 300 多条班轮航线，并与世界上 800 多个港口相连；公路方面，港区与欧洲的高速公路网直接相连，陆地有密集的高速公路；铁路方面，安特卫普港是多条国际铁路线的终点。总之安特卫普港拥有完善的交通运输网络，保证商品运输的畅通无阻。

（4）大力发展临港工业并扩展腹地。广阔的市场是港口物流发展的重要推动力量，而市场的形成主要是依靠临港工业的发展和广大腹地的经济发展。安特卫普港以港区工业高度集中而著称，是比利时第二大工业中心，主要工业有炼油、化学、汽车、钢铁、有色冶炼、机械、造船等。安特卫普港目前已建成全球最大的化工集群，成为仅次于休斯敦的世界第二大石化中心。安特卫普港腹地广阔，除比利时外，还有法国北部、马尔萨斯和洛林、卢森堡、德国萨尔州、莱茵—美茵河流域、鲁尔河流域及荷兰的一部分，这些地区经济的发展极大地推动了安特卫普港物流的发展。

（5）政府转换管理方式。1997 年以前，安特卫普港由市政府直接管理，港务局只是政府的一个部门，不是法人。1997 年后，港务局进行体制改革，变成由市政府 100% 控股的公共法人。港务局独立经营核算、规划和管理整个港区，在人事、财务和管理决策方面拥有更多的自主权。

（二）世界典型港口物流发展模式的启示

1. 高度重视并合理规划港口的管理模式

港口管理模式对港口物流的发展会产生深刻的影响，世界港口管理模式可分为三大类：①私人企业经营港口的管理模式；②政府机构，国营企业经营港口的管理模式；③政府机构，国营企业和私营企业共同经营港口的管理模式。上述三种模式中，其中第三种多方共同经营管理模式能使得政府对港口的权力控制与私人企业的经营能力高效结合，能兼顾社会利益与私人经济利益，克服公有公营和私人企业经营的种种弊端和限制，目前多方共同经营管理模式是发展趋势。

2. 政府对港口物流的推动作用

在各国港口物流的发展中，政府介入程度有所不同，总体上都起到了积极作用。在港口物流发展过程中，政府的推动作用主要体现在以下几方面：

（1）宏观管理与相关法规的建设。政府的宏观活动主要是通过各种市场可接受的手段和方法，将宏观计划意图转化为市场信号，来间接影响港口物流企业的决策。

（2）统筹规划港口整体发展战略。港区及腹地的用地规划、产业发展规划、具体行业的发展规划、具体区域的发展规划等都需要政府的综合考虑和统一规划实施。政府从港口的整体利益出发，进行统筹规划，以提高物流经营的规模效益。

（3）大力投资建设港口物流基础设施。各国政府对于港口物流推动的重要手段之一就是大力投资建设港口物流基础设施。物流基础设施主要包括物流网络和物流信息系统的建设，由于投资巨大，而且投资周期长、见效慢、利润低，一般私人企业无能为力也不愿投资，只有政府能担此重任。

（4）重视物流教育与人才培养。国家政府重视完善的物流教育与人才培养，为现代港口物流业源源不断输送了大批优秀的物流专业人才，促进了现代港口物流业的发展与繁荣。

（5）为港口物流企业提供良好服务。政府各职能部门的高效运作，行业管理机构的健全完善，良好的招商引资、咨询服务，畅通快捷的海关通关服务等；这些措施都有力地促进了现代港口物流的迅速发展。

3. 物流行业协会的积极作用

在欧美物流业的发展中，物流行业协会充分发挥其积极作用，主要表现在：一是引导和促进作用，如欧美物流行业协会组织的物流企业问卷调查，跟踪分析整个欧美物流产业的发展状况，结合世界物流产业的发展趋势，引导和促进整个物流行业的发展，港口物流发展因此也获益匪浅。二是咨询和服务作用，如荷兰国际物流配送协会，专门提供配送中心选址、规划、经营等方面的咨询和信息，帮助成员企业降低成本，提高效率，促进成员企业的发展。三是教育和培训作用，欧美物流协会开发和制定物流教育培训标准，并形成了相应的物流从业资格制度，重视对物流人才培养。四是行业规范作用，欧美物流协会与标准化委员会及各种标准化研究机构合作，参与制定了多种物流行业标准，并合作编写物流词典，规范物流用语，大力促进欧美物流体系的标准化、共享化和通用化。五是联络和交流作用，欧美物流协会通过举行年会、研讨会等，将遍布于国内外各大物流公司协会成员组织起来，共同讨论、相互交流，促进物流理论的新发展，同时深化物流产业内部的交流与合作。

4. 现代港口物流发展的正确目标定位

国际枢纽大港的现代物流逐步在向全方位和一体化的方向发展。全方位主要体现在各港口物流中心均围绕主业提供多种形式的增值服务，包括提供各种金融、保险服务和最佳物流解决方案等服务。一体化则主要体现在两个方面：一方面是物流企业内部的一体化，另一方面是物流企业与港口其他产业及至腹地发展的一体化。现代港口物流的发展除了需要对装卸业务进行改造和深化外，还要求建立相应的配送园区、货物深加工区等，并有效整合各个环节，使之和谐运作。同时，还要求走港区联动之路，把港口经济与自由贸易区或保税区的功能加以配套，实现共同发展。

5. 加强与航运公司合作并大力发展集装箱业务

集装箱运输的普及与集装箱船舶的大型化不仅要求更深的港口船道、更大的泊位、更高效的装卸设备，而且对港口物流产生了深远的影响。主要体现为：①促进了港口仓储功能的分化；②对物流企业的生产能力和运作效率提出了新的要求；③促进了码头与船舶运输公司的合作。由于港口新建或改建集装箱码头的投资风险较大，为了降低投资风险，许多港口公司都应考虑与航运公司合作。

6. 积极构建国际物流中心

实践证明，建立国际物流中心十分必要。其原因是：①有利于提高港口的国际竞争力，推动枢纽港的建设和发展，吸引大型航运公司投资港口产业；②有利于完善港口及港口城市的信息服务功能；③有利于加强港口与腹地的联系，推动综合运输的发展，进而促进现代物流在更广的范围和更高的层次上发展，为国际物流经营者的投资创造良好的条件；④有利于带动港口及腹地相关产业的发展，从而促进区域经济乃至整个国民经济的发展。

二、我国长江港口物流发展模式的构建

（一）企业全球经营的运营管理方式

港口物流发展与企业的全球经营战略密切相关。当前，企业的全球经营大致有三种运营管理方式：

1. 加强产地补货中心方式

产地补货中心方式：沿用传统的货物承运方式，并根据客户实际提货数量作为双方交易的依据，当地库存风险由制造商承担。把货物送到客户当地的仓储中心，当作一个补货的中间站。

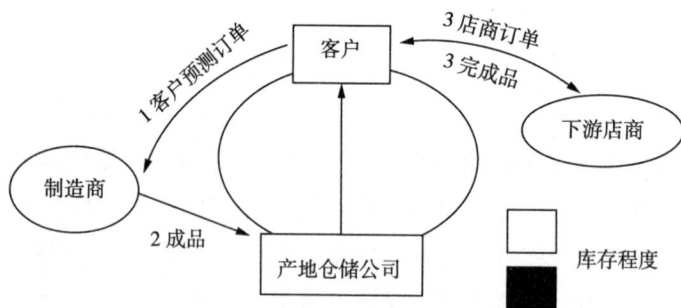

图 2-1 当地补货中心运营管理模式

这种以水运为主的运营管理方式，港口是它必须依靠的集散点，这也是当前港口最主要的物流模式。针对这种模式，长江港口企业拓展物流服务可以凭借低成本、高效率、适应性好和反应性灵敏的经营机制为制造商

和分销商提供高质量的物流服务，制造商和分销商对港口的依赖程度就会加强，港口竞争优势立即显现出来。

2. 发展销地组装中心方式

销地组装中心模式：依据客户不同订单、不同规格的实际要求，在客户当地设立组装中心，并依据客户所下订单做销售预测，适时地提供成品或半成品至销地组装中心，再由规划中心依据客户实际订单需求，加工组

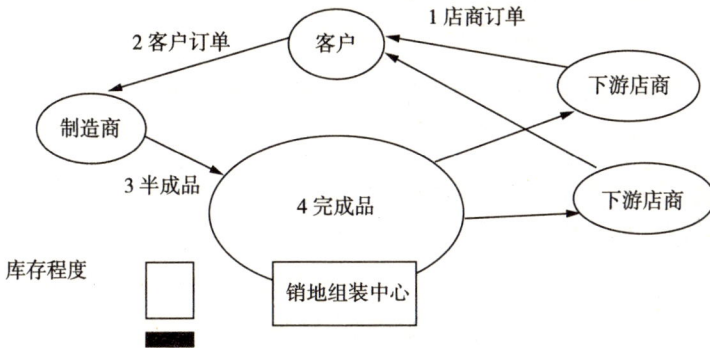

图2-2　销地组装方式

装后运送给客户。此模式要求长江港口企业除建设物流园区、发展港口物流服务的基础功能外，必须建立多式联运体系和发挥第三方物流的优势，为客户提供简单的装配加工、高质量的物流信息处理、最佳的运输组合方式和需求预测等服务。

3. 追求直接运送至末端客户方式

直接运送至末端客户模式：属于未来趋势，对应于信息产品的高实效性，制造商必须在非常短的时间内，将整个供应链的性能发挥到最大限度，所以直接由生产厂商直接安排以最快的方式运送到下游客户手中。

这种模式属于供应链物流阶段，在流通领域基本实现了零库存，要求港口具有完善的物流网络、港区物流设施平台、物流信息平台和高效的物流管理组织机构，以及强大的第三方物流服务公司，建成以多式联运为主的现代物流体系和物流运作模式。因此，长江港口企业除具备物流服务的基本功能外，还必须具备结算、需求预测、物流系统设计咨询、物流教育与培训等系列增值服务功能，利用自己的综合服务系统，随时随地把完整

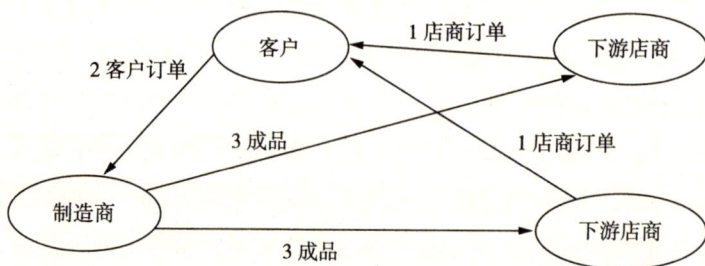

图 2-3　直接运送方式

的商品送到有任何需求的客户手中。港口建成为现代物流中心，就可以对整条物流链进行管理，使整条物流链上的活动成为一个连续的、无缝的过程，最终完成整条物流链的控制。

针对企业开展的这三种运营管理方式，长江港口企业拓展港口物流服务就完全可以据此来着手。

（二）长江港口企业物流发展模式的构建

1. 长江港口与沿海港口物流发展模式的区别

沿海港口一般处于国际航线的交通枢纽地位，大部分港口硬、软件条件优越，是为国内外各地区的经济联系以及运输服务的海运中转场所，同时也是国际贸易中心和工业基地。所以，沿海港口物流往往将集运输、仓储、配送、包装、加工及信息处理于一体的现代物流体系和提供金融、保险及快捷高效的海运通关等一系列物流援助或服务的综合物流服务系统于一体。发展方向是规模大型化、结构专业化、功能多元化、管理信息化及经营国际化的高度整合的"大物流"。

而长江港口物流一般是由腹地商业、贸易的发展而带动的，港口物流主要是为原材料、产成品、燃料等物资的进出港服务的，仅是供应链上的一个重要环节。发展方向是由单纯的"运输、装卸"的物流节点向"提供配送、增值服务、信息服务"等物流功能整合的现代物流节点转变。

2. 长江港口企业物流发展模式构建设想

物流发展模式是一个科学的完整体系，要充分利用内、外资源进行整合、创新，发展其核心竞争力。前面介绍的长江港口当前的五种主要物流发展模式只是利用了一种或几种资源进行改革创新，虽然考虑了自身的情况，但是否客观科学地分析了自身特点，凸现本身的核心竞争力了呢？特别是跟随型和政府促动型，往往是跟随潮流，而没有注重本身的特质和核心竞争力来拓展物流服务，极有可能偏离正确的发展方向。例如：有些长江港口一心发展集装箱业务，而放弃了原来主要的散货业务，这样就有可能造成港口整体业务的下降，是非常危险的。所以长江港口物流发展模式应从实际出发，结合自身的特点和状况，充分利用已有资源，整合物流功能，凸现主业发展的优势，全面系统地确定其发展方向。

长江港口企业物流发展还处在初期阶段，受到物流水平低、基础设施落后、信息化程度不高、腹地经济不够发达等影响和制约；长江港口企业的货运结构变化具有渐进性、大宗货物运输的特点；从物流需求的角度看，企业需要物流企业提供的服务主要是其具有的运输和配送等物流综合功能。所以，长江港口企业发展第三方物流是当前最合理的选择。因为：①港口的功能和各地纷纷兴建的物流园区的功能相差无几。这说明港口业是一个重要的物流环节。如果能围绕自身集疏运的主要货种，组建提供国内外物流服务的第三方物流公司，港口企业可在市场竞争中获取优势；②由于港口物流资源的丰富性，一般不需在港口以外投资构建自己的运输和仓储资源，而只需为客户提供多式联运的解决方案并能有效执行，极大地减少投资；③目前有很多仓储、运输公司都是以港口业务为核心来开展自己的业务的，所以港口企业完全可以利用自己的特殊地位来约束外包者。同时，港口作为一个地区的稀缺性资源及其与外围物流企业的利益相关性，使得港口企业在组建第三方物流企业时具有得天独厚的优势。

结合长江港口企业市场环境，长江港口企业的发展趋势应是谋求港口主业与港口物流充分融合，形成港口物流链，实现对整个供应链的控制和增值。从实际操作性看，长江港口企业应从整合现有资源的角度来拓展港口物流服务，具体从以下两方面着手：第一，从充分优化港口内部的存量资源着手，重新整合和优化配置内部资源，在各种资源高效利用的基础上健全港口的物流功能即内向型物流发展模式。第二，通过纵深发展港口物流所处的外部环境来实现港口物流的持续发展即外向型物流发展模式。从物流发展模式理论看，两类模式主要实现途径如下：

（1）内向型物流发展模式的主要实现途径：①改造主业；②发展品牌物流；③拓宽物流服务；④管理体制的创新。

（2）外向型物流发展模式充分重视港口物流发展过程中的纵向联系和横向联系。纵向整合是把物流的各种功能性活动整合成完整的物流系统，它是物流横向整合的基础。横向模式是和自己同质的物流企业整合，属于外延式的发展策略，其关注的目标是规模的扩张和网络的拓展，树立品牌形象，提升服务能力。不论是横向整合还是纵向整合，就整合方法来看，有以产权转移为标志的并购型紧密整合，也有以业务和市场为纽带的虚拟松散整合（见图2-4）。从管理结构的角度看，有基于共同管理机构的紧密联盟，同时也存在基于公共信息平台的松散联盟（见图2-5）。

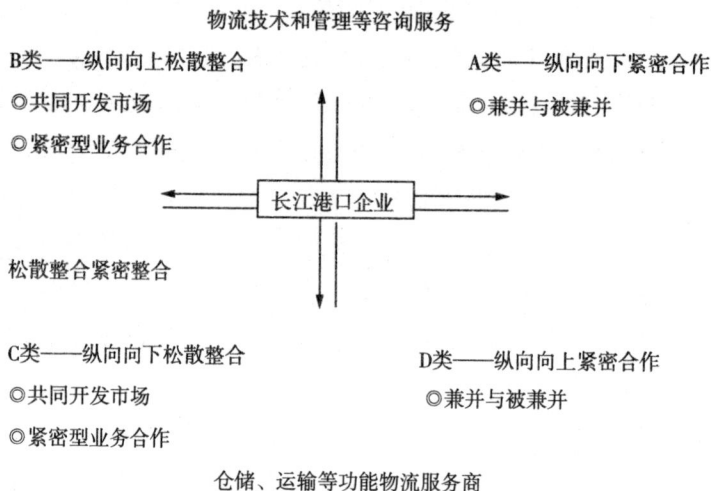

物流技术和管理等咨询服务

B类——纵向向上松散整合   A类——纵向向下紧密合作

◎共同开发市场   ◎兼并与被兼并

◎紧密型业务合作

长江港口企业

松散整合紧密整合

C类——纵向向下松散整合   D类——纵向向上紧密合作

◎共同开发市场   ◎兼并与被兼并

◎紧密型业务合作

仓储、运输等功能物流服务商

图2-4 纵向功能型整合的发展模式

根据上述特点，长江港口企业物流发展模式分为七类：

纵向整合：A类——兼并型向物流技术等高端的纵向整合。

B类——松散型向物流技术等高端的纵向整合。

C类——松散型向传统物流服务商的纵向整合。

D类——兼并型向传统物流服务商的纵向整合。

横向整合：E类——基于共同管理机构的紧密横向联盟。

F类——基于共同信息平台的虚拟横向联盟。

仓储、运输等功能型
物流服务商紧密整合

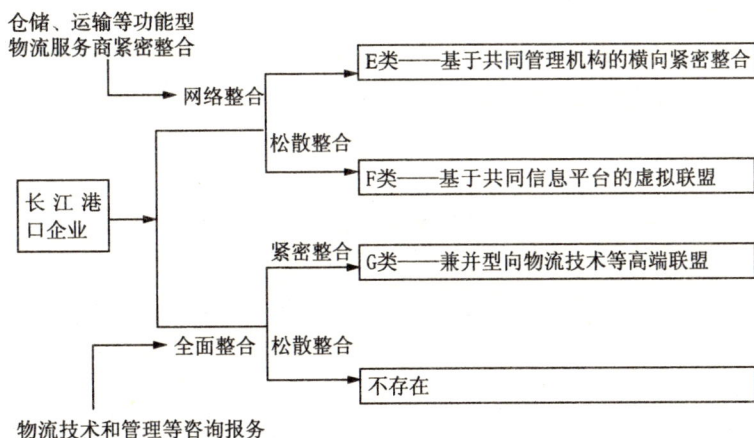

图 2-5 横向扩张型整合的发展模式

G 类——兼并型向物流技术等高端的横向联盟。

根据以上论述，港口企业纵向整合应选择 C 类——松散型向传统物流服务商的纵向整合，横向整合应选择 F 类——基于共同信息平台的虚拟横向联盟，最终形成基于供应链的现代物流模式。所以外向型物流发展模式主要实现途径有：①选择合适货种建立港口企业自营的物流链（自主型物流）；②让出港口地盘，吸引企业物流或与企业共同构筑物流链（地主型物流）；③与航运、公路、铁路等运输企业共同构筑物流链（分工合作型物流）；④与生产要素市场和消费市场资源整合，开拓物流链（合资型物流）；⑤与保税物流园区联动发展，开拓国际中转、国际采购、国际转口贸易和国际配送功能（联合型物流）；⑥港口群协同发展，枢纽港与喂给港之间建立战略联盟（联盟型物流）。

3. 长江港口企业物流发展模式定位

结合上述，长江港口企业物流发展模式定位应以港口为依托、腹地经济为支撑、国际物流为导向，发展符合现代物流和供应链要求的第三方物流，并围绕集装箱、煤炭、钢铁、金属矿石、非金属矿石、石油、建筑材料和相关流通加工等这些工业活动构筑物流链，并需经过一致性检验。

（1）实例分析：影响长江港口企业物流发展模式的因素按其特征可分为两种，一种是可以量化的因素，另外一种是不可量化的因素。考虑到几种方案的定量信息较难获取，而决策人对决策问题的本质、所包含的系统要素及相互间的逻辑关系掌握得比较准确，因此可以采用层次分析法（AHP）结合德尔菲法，来确定各方案的相对权重，进而选出最优方案。下面假设为长江某港口企业物流发展模式层次结构模型（如图2-6）。

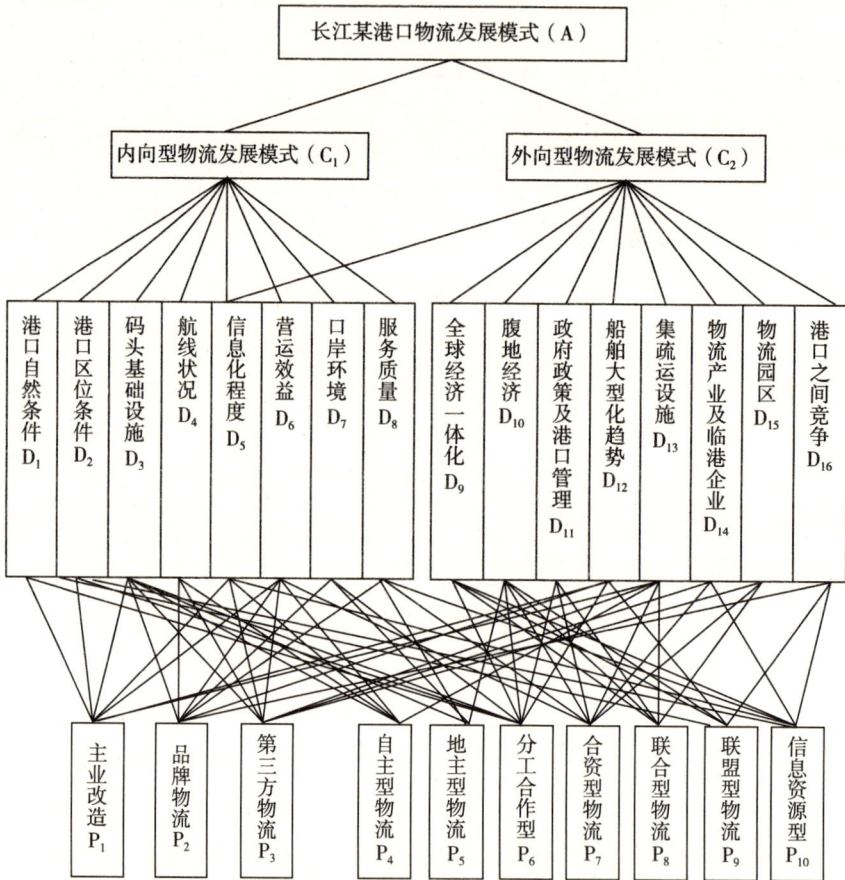

图2-6 长江某港口企业物流发展模式层次结构图

（2）用层次分析法确定各方案的权重。层次分析法是一种将定性与定量分析相结合的系统分析方法，它使复杂的社会经济系统问题实现科学决策成为可能。层次分析法的基本步骤归纳如下：

① 将长江某港口企业物流发展模式影响因素按照不同属性，自上而下地分解成若干层，建立层次结构模型（如图2-6）。

② 将两两因素对总目标的贡献程度进行比较判断，构造出比较矩阵。

③ 计算单排序权向量并做一致性检验。对每个成对比较矩阵计算最大特征值及其对应的特征向量，进行一致性检验。若检验通过，特征向量 λ（归一化后）即为权向量；若不通过，需要重新构造成对比较矩阵。

一致性指标：$CI = (\lambda \frac{1}{N} \sum_{i=1}^{n} t_i \overline{T} - n)/(n-1)$

一致性比率：$CR = CI/RI$

RI—— 随机一致性指标；

当一致性检验指标 RI 小于 0.1，则通过一致性检验。

④ 计算总排序权向量并做一致性检验，计算最下层对最上层总排序的权向量。总排序一致性比率：$CR = \frac{1}{M} \sum_{m=1}^{M} d_m$

若 $CR < 0.1$，则通过，便可按照总排序权向量表示的结果进行决策；否则，需要重新考虑模型或重新构造那些一致性比率较大的成对比较矩阵。

首先，由专家对每一个影响因素确定权重，再进行计算分析研究（数据的计算分析非常复杂，一般要专业软件）。最终能得出长江某港口企业物流发展模式的实现途径总排序。

（三）长江港口物流发展模式构建措施

1. 因地制宜发展自己的特色物流

港口有大小，实力有强弱。不同层次、不同类型港口的经营目标和市场定位是不同的，即使同是从事物流服务，服务的范围和重点也是不同的。枢纽港毕竟只是少数，能接纳载重量 20 万吨以上或 5000TEU 以上的大型船舶的港口就更少。枢纽港可以在立足传统业务的基础上，拓展业务，涉足物流服务新领域，充分利用自己的技术和实力优势，争取向物流中心方向发展。中小型港口进行自我评估定位显得更为重要，它们可根据业务范围，选择与大型港口联营或相互之间的联营等方式，找准物流服务的切入点。

2. 整合物流资源

（1）整合内部资源，形成专业化、规模化优势。

① 加强码头堆场建设。码头堆场是港口企业最基础的设施。国际贸易

的90%以上是通过水运来完成的，港口已成为大量货物的集结地，其基础设施建设将决定现代物流的发展。港口要通过自建、并购、控股等方式，加快基础设施的建设、改造步伐。② 提升港口作业的机械化、自动化水平。现代港口生产作业效率、服务水平及可靠性是非常关键的因素。不断改进港口装卸工艺，增加或更新港口机械设备，逐步实现港口生产的机械化、自动化、智能化。③ 整合集疏运系统。港口物流企业应充分考虑物资集散通道，在政府部门的协调、支持下，有效衔接公路、铁路、管道等运输方式，加强物流功能的综合配套，增强自身的集疏运能力，为客户提供多式联运的解决方案并有效执行，不断完善物流一体化服务功能。

（2）整合外部资源，构建物流联盟，形成整体优势。

港口物流企业发展壮大，扩展服务功能，构建物流联盟是一种非常有效途径。港口物流企业是物流供应链的重要环节，与运输企业、代理企业、流通企业、航运企业、货主企业均保持着密切的业务联系，这为其构建物流联盟提供了有利条件。

① 横向的物流联盟。港口企业可以通过参股、联营、合作等方式与其他港口企业组建覆盖面广的物流联盟，利用广泛的网络、规模效应来构建竞争优势。② 纵向的物流联盟。向港口的两端延伸，一种是以合资、联营的方式建立紧密型的契约物流联盟，另一种是以业务合作的方式建立松散型的协议物流联盟，可有效整合运输、仓储、加工、报关等功能，也可整合水路、公路、铁路、管道等不同运输方式。世界各大航运公司谋求与港口建立战略伙伴关系是其发展战略中的一个重要组成部分，这为港口第三方物流发展提供了机会，将有利于航运公司与港口实现双赢。

3. 创新物流服务

（1）管理体制创新。我国港口物流企业大多是在政企合一的港口管理体制下，港务局扮演运动员和裁判员的双重角色，造成权责不明确，导致工作效率低下。改革管理体制，就是要实现政企分开，达到"政府搭台，企业唱戏"的效果；其次，要实现股份制改造，建立现代企业制度。

（2）经营模式创新。国有的港口码头可与经营人开展码头租赁合作，政府也可与经营人合资建设码头，允许民营资本进入，转变码头经营方式，以适应物流发展趋势。

（3）融资方式创新。物流业是一项投资大、回报慢的产业，因此资金来源问题成为港口发展第三方物流的关键。一直以来，港口主要靠国家和地方的投资建设基础设施。港口体制改革以后，原来的集资模式将被打破，港口应该千方百计扩大融资渠道，吸引国际资本和民营资本投港口物流基础设施建设。

（4）服务内容创新。现代港口作为全球综合运输网络的结点，已逐渐成为综合物流服务中心，服务功能进一步扩大。

①增值服务功能。进一步为客户提供包装、贴标、归类、翻新、加工、分销配送、运单制作、代办通关、结算手续、后勤服务与保障等。②商务中心功能。为用户提供运输、商业和金融服务，如代理、保险、银行等。③信息服务中心功能。港口不但为用户提供所需市场决策信息，还应具备现代电子数据交换（EDI）系统的增值服务网络。④人员服务中心功能。提供贸易谈判条件，人员供应和船员服务等。⑤开展第四方物流服务。港口物流企业以供应链集成商的身份，利用与上游供应商、制造商以及下游的销售商建立的良好合作关系，为客户提供供应链解决方案，从而建立快速反应、高质量和低成本的产品运送体系，与客户实现"双赢"的目的。

（5）服务方式创新。

①与大客户建立战略联盟关系。在专用设备或场地上相互参股，争取直接参与大宗货主的原材料采购或成品销售工作，这既是自身稳定货源的需要，也是作为第三方物流的服务宗旨。②开展多式联运。对港口来说，集装箱吞吐量是衡量国际物流中心的重要指标。因此，港口开展第三方物流的核心内容就是积极寻求和航运企业、运输企业组建战略联盟，开展集装箱多式联运。

4. 强化物流营销，构建核心能力

目前，各地方政府都非常重视港口的建设，纷纷提出了"以港兴市"的口号，码头的建设如火如荼，各港口物流企业的竞争日趋激烈，但还处于价格竞争的低层次上。绝大多数港口是国有或国有控股企业，受体制的影响，营销思想、营销策略、营销手段普遍滞后，营销能力有较大的提升空间。因此，港口物流企业应重视物流营销，创新物流理念，运用营销策略,提升物流营销能力,构筑竞争对手难以模仿的竞争优势。港口物流企业可采取以下措施来提升物流营销能力:①树立全新的营销理念,强化以客户为中心的营销理念;②制定合理的营销策略,紧盯大客户、跟踪中客户、开发小客户;③运用多种有效的营销组合和营销手段,吸引客户,推销服务。

5. 完善港口综合物流管理系统

首先,各类型的流通业内部流程设计要系统化,使物流过程处于一个稳定协调的系统中;其次,各类型物流业组合系统化,使港口物流在完成传统作业的基础上,还可以开展货物精选、加工、包装等业务,使进出口业务增值,以及根据市场发展和货主的需求,为客户提供报检、报关、接货、集疏港、流通加工等多功能服务,形成一个开放型、互通型的物流服务平台。另外,由于在物流活动过程会或多或少地对环境产生不利的影响,因此我们要改变原来经济发展与物流、消费生活与物流的单向作用关系,在抑制物流对环境造成危害的同时,形成一种环境共生型的物流管理系统。

6. 加大港口物流的科技投入,加快港口物流信息化建设

现代物流的发展依赖于科学技术的发展,信息平台、网络以及新的物流技术的实施都是高科技在港口物流中的成功应用。先进信息技术是现代港口物流的重要组成部分和支撑,也是提高现代物流服务效率的重要保障,没有现代化的信息,就不可能有物流链长、节点多的现代港口物流。因此,必须充分认识到科技在港口物流中的地位,加大科技投入,为港口物流的发展提供良好的软环境。信息处理是物流活动的核心内容,是优化物流活动的关键因素,信息处理的电子化、网络化是提高物流系统效率的有力保障。经过多年的努力,我国长江大型港口的信息化建设已经初见成效,但是信息化服务水平还较低。港口物流信息系统没有形成统一标准,还不能适应发展要求,导致一些单位和部门建立的信息数据不能相互沟通,形成信息"孤岛";物流作业各环节之间没有较好的衔接,数据交换和信息共享实现困难,物流活动难以顺畅进行,客户需求不能得到很好满足。因此,长江港口发展现代物流,首先应借助现有信息优势,搜集公司、海关、船舶等单位的综合物流信息,利用电子数据交换系统和互联网,为客户提供货物跟踪及货物动态,包括货物交接单证办理、提单、通

关、联运、仓储、船期预告、泊位使用、货运市场行情等信息管理，达到信息共享、提高货物中转效率的目的。信息化是现代物流区别于传统物流的最重要的特征，无论是物流的整合还是供应链管理都必须借助于现代信息技术，必须注重建立满足现代物流需要的信息平台。港口物流业发展要求港口成为重要的信息和通讯中心。一个现代化的港口或物流中心，应建立覆盖辐射区内的所有商业流通和仓储运输企业的网络平台，实现各企业、客户和有关管理机构的信息充分互联；建立物流发布系统，实现信息资源的充分共享和交换；建立资源交换系统，包括资源供求的发布和自动交易功能的实现等。港口物流业的发展应充分利用条码技术（Barcode）、数据库技术（Database）、电子订货系统（EOS：Electronic Ordering System）、电子数据交换（Electronic Data Interchange，EDI）、快速反应（Quick Response，QR）及有效的客户反映（Effective Customer Response，ECR）、企业资源计划（Enterprise Resource Planning，ERP）等信息技术，不断完善港口物流信息系统。建立物流信息发布系统，实现信息资源的共享和交换；建立资源交换系统，实现资源供求的发布和自动交易功能，最终成为信息通讯中心。同时，要扩大业务合作，建立国际物流系统的网络运作，实现现代港口物流质的飞跃。在今天的港口物流业务环境中要保持竞争优势，就必须与先进的信息技术结合起来。现代港口应充分利用不断更新的信息技术来完善港口物流服务，满足客户的需要，使港口为所在城市、周边地区经济发展及国际贸易货物运输中转提供最佳服务。

7. 加快港口物流标准化进程，使之与国际接轨

要使国际物流畅通起来，统一标准是非常重要的。在我国物流开始蓬勃发展的时期，为了规范物流市场和企业、有效地管理和引导物流市场和物流企业、促进我国物流业与国际市场接轨、推动物流业向更加健康的方向发展，应尽快建立一整套的物流国家标准体系，并逐步向国际标准靠拢，使本国物流标准体系与国际物流标准体系相一致。港口在发展物流的过程中应积极按照国际通用标准规范物流设施和有关技术设备，对每一个环节实行统一的技术标准和技术管理标准。物流标准化是流通业现代化的基础，商品包装的规格化、系列化，物流信息的条码化，装卸、运输、储存作业的集装单元化，托盘、集装箱、卡车车厢尺寸的标准化等，均是实

现物流系统高效、经济的前提。

8. 强化港口物流的服务理念

港口服务水平的高低是衡量港口物流的标准之一。抓好服务，就等于抓住了港口物流的精髓，也是港口物流的最大的利润源。因此，港口在物流产业发展中要加强从政策法规方面提供保障，以推进物流产业发展的市场化进程，为港口物流企业参与市场公平竞争创造很好的外部条件，为港口物流企业的经营和发展提供宽松的宏观环境。港口政府部门要加快引入竞争机制，简化相关程序和手续。在物流发展起步阶段，政策的导向应立足于加快发展。谨防政出多门，出现新的政策性、体制性障碍。遵循物流发展的特点和规律，必须加强对不正当行政干预和不规范经营行为的制约，创造公平、公正、公开的市场环境，使港口物流企业能够平等地进入市场，在竞争中优胜劣汰。港口有关部门要转变职能，强化服务意识，积极帮助解决港口物流企业在经营中遇到的工商登记、办理证照、统一纳税、配送交通管制、进出口货物查验通关等方面的实际困难，逐步建立起与国际接轨的物流服务及管理体系。港口有关部门要强化服务意识，争取国家有关部委的支持，结合行政审批制度改革，下放或放宽在港口投资的物流企业在运输、报关、货代等方面的资质审批；进一步简化对货物的监管、对外汇的管理等程序；帮助解决港口物流企业在经营中遇到的工商登记、办理证照、统一纳税、配送交通管制、进出口货物查验通关等方面的实际困难；营造金融、法律和保险等良好服务环境，逐步建立起与国际接轨的物流服务及管理体系；加快港口物流园区的建设，提供各种物流增值服务；不断开发港口物流服务创新品种；服务要具有柔性化，以满足客户的需求为目标，并随时根据客户需求的改变而改变。

9. 优化港城体系的空间，加快港城一体化建设

"港为城用，城以港兴"，港城共荣是一个普遍规律，港口是港口城市最宝贵的基础设施，也是港口城市扩大开放、实施经济发展战略的最有利条件，是最具优势的战略资源，是增长城市竞争力的核心所在。以港口为依托，发展现代综合物流，有利于拓展和完善港口功能，有利于港口城市服务功能的提升，增强其对国内外经济要素的集散能力。港口城市之间的竞争与合作可加快港城一体化进程，促进港口城市物流园区地位的形成，

进一步发挥港口城市在区域经济社会以及国民经济发展中的影响力。发展港口经济是推动经济增长方式转变、构建资源节约和环境友好型社会的重要内容和途径，但还要正视我国港口经济发展过程中存在的一些问题，特别是在资源整合、管理体制、服务功能、设施建设、产业结构、运行效率、竞争秩序等方面。为进一步提高我国港口对国民经济和社会发展的适应程度，一方面要加快港口建设，尤其是港口服务功能的提升、调整结构、优化布局、节约资源、加快技术和制度创新；另一方面港口所在城市公共服务设施与基础设施建设应同步发展，实现港区物流与市域物流产业组织的对接，借助以港兴市、以市兴港的创新机制，加快港城一体化发展进程，从而提高港城的物流效率，拓展港城服务功能，优化港城布局并调整结构及坚持技术和制度创新。

10. 强化港口物流人力资源、科技储备等内涵建设

港口物流的发展离不开人才资源支持，而港口物流人才，特别是高端港口物流人才、国际港口物流人才将会对物流业发展有着重要影响。物流管理是一门新兴的边缘学科，正向技术化和专业化方向发展，通晓物流管理的技术人才是港口物流业发展的关键。物流企业的业务人员应包括仓储管理人员、运输经理、顾客服务经理、系统设计工程师、信息工程师、行政及协调人员等六类专业人员。物流人才的质量和数量，将会在很大程度上决定物流业发展的前景。因此，我们应该加强员工职业教育和继续教育，提高港口物流从业人员的整体素质，同时，要积极探索物流人才的定向培养、国际合作培养、人才资源共享、合作开办研究机构等多渠道，培养物流管理和物流工程人才，完成人才资源储备等战略性工作。

三、芜湖港基于第三物流的物流发展模式构建

芜湖港位于长江中下游结合部，是我国最早对外籍船舶开放的内河港口，是长江干线十大国家级主枢纽港之一。腹地公路、铁路交通发达，是安徽省主要的对外窗口。沿长江向下距南京港 96km，距长江入海口上海 488km，向上距九江港 368km，距武汉港 637km。芜湖港所依托的芜湖市，是安徽省第二大城市，工商业特别发达，经济发展速度大大高于全省平均水平，在我国长江经济开发战略中处于承东启西的重要地位。

（一）芜湖港物流发展现状

芜湖港是长江煤炭能源输出第一大港和安徽省最大的货运、外贸、集装箱中转港，年通过能力 5000 万吨。现有总资产 7.5 亿元，码头 55 座，库场面积 60 多万平方米，拥有各类装卸设备 115 台（套）。铁路专用线与芜铜、皖赣线相连，能满足各类大宗散货、件杂货、大重件和集装箱装卸、运输、仓储业务需要。芜湖港现已和世界上几十个国家和地区建立了业务往来，主营货物装卸、仓储、中转服务、多式联运、集装箱装卸运输、物流配送、电子商务等。其物流发展的主要优势环境如下：

（1）区位优越，交通便利。芜湖市地处长江经济带、皖江城市群的东部，临近长三角地区，具有承东启西的区位优势，处于我国生产力"T"形结构的主轴线上，是沿海开放地区向内地梯度推进的重要交汇点，也是我国中西部欠发达地区和东部发达地区物资交流的重要连接点和枢纽；沿长江而下 96km 可抵南京市、488km 可抵上海市，溯长江而上 368km 可达九江市、637km 可达武汉市、1911km 可达重庆市等地。区位优越和交通便利使芜湖港集装箱运输发展具有一定的优势。

（2）腹地依托条件好。芜湖港航运枢纽以芜湖市及长江城市群为依托，辐射安徽省中南部等广大地区，芜湖市和合肥市是其重要腹地。两市的综合实力在安徽省处于领先地位，经济总量大，外贸进出口额高，集装箱生成量大。2014 年两市 GDP 为 7465.9 亿元人民币，进出口总额超 2000 亿美元。与安徽省其他城市相比，芜湖市在经济总量、产业结构、外向型经济、城市综合竞争力等方面占有优势，拥有国家级经济技术开发区、国家级出口加工区、对外开放城市和对外籍船舶开放港口等政策优势，为芜湖港发展集装箱运输提供了良好的城市依托。

（3）通航条件较好，航班密度大。芜湖港常年维护水深逾 6.5m，可通航 5000t 级以上船舶，连通长江沿线其他地区；合裕线航道为 3 级航道，沟通芜湖与合肥等皖中地区；未来还将建成芜申运河 3 级航道，沟通芜湖与上海、苏南地区。芜湖港与国内外多个港口有贸易往来，已开辟至香港的杂货和集装箱班轮航线，开通至欧洲、美国、加拿大、澳大利亚等 40 多个国家和地区的经南京、上海等港口的联运中转业务。目前，芜湖港集装箱航班密度较大，中远、中海、香港东方海外等企业在芜湖港每月开通内支线班轮和挂靠班轮逾 100 次航班。

（二）芜湖港物流发展存在的主要问题

芜湖港和中国大多数港口企业一样，是传统体制下发展起来的，目前所从事的港口装卸主业在很大程度上依然属于传统物流范畴，拓展港口物流中主要存在如下问题：

（1）现代物流在中国尚处于起步阶段，对现代物流真正科学内涵缺乏真正认识，政府内还存在条块分割、各自为政的现象。物流生产各要素整合较为困难。现代物流的主体要素是各类企业，而现在各类企业基本专注于自己的本行，缺乏开拓其他物流业务的意识。

（2）港区后方堆场功能单一，能够从事物流的较少。

（3）港口建设用地跟不上港口发展要求。

（4）本地货代竞争性不强，货物容易流向其他港口。

（5）物流信息网络尚未形成，信息技术在物流应用中的水平不高；物流管理和开发还处于较低水平；芜湖港物流人才缺乏，缺少物流经营管理，熟悉物流服务组织、市场营销、物流信息系统开发维护等各方面的物流专业人才。

（6）货物特别是集装箱通过能力和泊位不足。芜湖港集装箱泊位、堆场、设备能力已达极限，堆场上集装箱大多堆码至五六层，翻箱率达 50%左右，运营成本高，部分箱子挤占进港道路，存在一定安全隐患。泊位不足导致船舶压港现象时有发生，影响了港口的信誉和品牌。

（7）产业结构优化和经济增长的影响。芜湖周边地市实现产业结构优化和经济快速增长需要一个过程，货物生成量增长至较大规模也需要相当长一段时间。

（8）知名度低。由于芜湖市是一个新兴的地级城市，其影响力无法与上海、南京等大城市相比，知名度低也在情理之中，因此在商贸往来中与客商签订合同的口岸也往往是 FOB 上海港或 FOB 南京港。为了缩短运输时间，发货人也往往选择公路将货物送往指定港口，这也是芜湖市出口货物弃水走陆的主要原因，严重制约芜湖港物流的发展。

经济全球化背景下，港口若仅仅是在提高装卸效率与减少船舶在港时间方面做努力，已经不能满足货方与船方的要求，因而也不能保住其原来的市场份额，能否提供全面、高效的服务逐渐成为决定现代港口是否具有国际竞争力的主要因素之一。因此，在新的经济背景下，芜湖港拓展港口物流需要不断完善其传统职能。并且，我们必须站在港口作为物流平台和港口企业应该改造为现代物流企业的角度来研究港口物流的拓展。

（三）芜湖港物流发展的机遇

（1）腹地经济持续增长。腹地经济特别是芜湖市汽车及零部件、材料、电子电器等支柱产业的不断发展，产生大量的货物运输需求。随着港口基础设施的不断完善，芜湖港将利用长江深水航道和一级开放口岸优势，吸引更多的航运企业挂靠或开展班轮直达运输，吸引合肥市、宣城市及河南省等腹地内更多的集装箱在芜湖港进出，预计2020年芜湖港集装箱吞吐量将达到100万TEU。

（2）长江航运进入全面发展新阶段。我国国民经济早在"十一五"规划中就明确要求"积极发展水路运输，提高内河通航条件，建设长江黄金水道和长江三角洲高等级航道网，推进江海联运"。未来一段时期，交通运输部将进一步加大对长江水运基础设施建设投资力度，推进长江口深水航道治理3期及向上延伸工程、长江干线航道整治工程和干线水运支持保障系统设施建设，引导和扶持干线运输船舶船型标准化。安徽省明确提出充分发挥长江黄金水道的作用，建设"皖江经济带"的战略目标，还专门成立投资建设公司，为发展水运搭建投融资平台，这些都为芜湖港发展集装箱运输业、提高自身综合竞争力提供了机遇。

综合上述分析，芜湖港发展现代物流是形势所趋。芜湖港拓展港口物流服务不仅可以带动港口经济，而且能够促进城市经济、区域经济和流域经济发展，使其在现代物流链中的地位更加稳固，并能在当前全球化和激烈的市场竞争中立于不败之地。

（四）芜湖港基于第三方物流的物流发展模式构建

1. 芜湖港物流发展模式的定位

结合安徽省与芜湖地区的物流数量等特点和长江三角洲地区经济发展趋势，芜湖港发展模式定位为：以港口为依托、以腹地经济为支持、国际物流为导向，发展现代物流和符合供应链要求的第三方物流，并围绕煤炭、滚装汽车、水泥、矿建材料、家电及其零部件、新型建材、生活消费品及小商品和相关商品的流通加工构筑物流链。

2. 芜湖港物流发展模式构建途径

芜湖港物流发展模式的趋势是谋求港口主业与港口物流充分融合，形成港口物流链，实现对整个供应链的控制和增值。因此，芜湖港物流发展模式构建就应从下面两方面着手：横向型物流发展模式和纵向型物流发展模式。横向型物流发展模式就是从充分优化港口内部的存量资源着手，重新整合和优化配置内部资源，在各种资源高效利用的基础上健全港口的物流功能。纵向型物流发展模式是从港口涉及的关系对象着手，充分重视港口物流发展过程中的纵向联系和横向联系，即通过纵深发展港口物流所处的外部环境来实现港口物流的持续发展。构建可考虑以下途径：

（1）选择合适货种建立港口企业自营的供应链。利用港区的设施、机械等，为客户提供潜在的物流服务，选择若干种适宜于在港区进行物流储存和加工的货种，开展物流服务，将其上下游运输和加工配送过程中的物流服务项目转移到港区实施，以建立供应链系统。

（2）以物流服务品牌为主导，建立品牌供应链。未来港口将以物流服务品牌为主要的竞争手段，其核心则是大质量观，包括物流经济运行质量、投资质量、硬件设施质量、环境质量、员工素质质量、信息质量、综合管理与服务质量、企业文化质量等等。

（3）让出港口地盘，吸引企业物流，或与企业共同构筑供应链。将港口企业的部分码头、仓库、堆场转让给拥有供应链的企业，让它们在港区内从事企业物流。

（4）与航运、公路、铁路企业共同构筑供应链。国际航运企业拥有在全球范围的代理网路，公路则是最具有门到门运输的便利条件，铁路则是多式联运的重要环节，而港口作为物流平台，可以成为物流所需的多种运输方式的交汇点。因此，港口企业应密切与航运企业、铁路企业和公路企业的物流联姻，充分利用各自的优势，提供全程物流服务，共同构成便捷的供应链系统。

（5）与生产要素市场和消费市场物流资源整合，开拓供应链。生产要素市场和消费市场一般都伴随巨大的物流源，选择本港进出的具有广泛市场需求的货种，或者选择目前经本港进出不多但具有开发前景和潜在市场的货种，在港区内或临近港区处建立物流基地，形成交易市场，这对稳定和拓展港口生产业务同样具有积极的成效。

（6）港口群协同发展，枢纽港与喂给港之间建立战略联盟（联盟型物流）。

（五）芜湖港物流发展模式构建的建议

1. 优化结构，完善港口设施，扩大港口货物的吞吐能力

芜湖港辖区范围包括：北岸上自土桥，下至西梁山，全长119km；南岸上自黄兴坪，下至东梁山，全长71km。自然岸线长190km，全港区共有大小泊位127个。根据芜湖港现状分析，初步设想应在芜湖港区范围内及周边建立五个物流基地，具体包括：综合物流基地、朱家桥物流基地、裕溪口物流基地、荻港物流基地以及西江物流基地。

2. 发展主业，打造品牌物流服务

（1）煤炭物流配送。芜湖港的煤炭吞吐量占港口吞吐量50%左右，煤炭货物是芜湖港的最重要的货源，稳住煤炭货源对芜湖港至关重要。同时，煤炭运输又是芜湖港的传统品牌，已有较高的服务声誉和较为稳固的客户群。因此，在开展芜湖港物流服务中，煤炭运输是其一个重要的品牌。为此，芜湖港应该在煤炭的物流发展上做文章。鉴于此，芜湖港可以加快建设裕溪口现代煤炭配送中心，为客户提供更多的延伸服务。例如，进行煤炭的精选和配送服务等。

（2）汽车零配件配送。汽车产业已经成为芜湖市的支柱产业，芜湖市的汽车生产能力居安徽省之首，包括汽车零部件生产厂在内的汽车生产企业有百余家。由此形成了较大的汽车零配件和整个运输的物流量。芜湖港应该紧紧抓住汽车工业的发展机遇，积极开展物流的延伸服务，向分布在腹地内的近百家汽车及零部件生产企业提供配送服务，形成汽车物流服务品牌，抢先占领这一物流市场。具体而言，就是在芜湖市建立西江物流基地，专门提供汽车零配件的配送服务。

（3）外贸货物的流通加工。随着我国加入WTO，国际贸易量将会有明显的增加，由此可以预见，长江航运中的外贸货物数量将会攀升，芜湖港的朱家桥外贸港区的物流基地建设正好能迎合这种发展趋势。为此，芜湖

港应该积极发展集装箱运输，使目前仍然较低的集装箱吞吐量能有较大幅度的增加。为了吸引外贸货物流向芜湖港，应该向货主提供更为完善的物流服务，特别是物流服务中的流通加工。例如，为货主提供简单装配、包装、贴标签、装箱前的处理等等。流通加工是物流业中解决劳动力就业以及获得附加值较高的领域。因此，对芜湖港而言，这项延伸业务是非常有吸引力的。

3. 加强信息网络建设

信息化是现代物流区别于传统物流的最重要的特征，无论是物流的整合还是供应链管理都必须借助于现代信息技术的支撑。因此，芜湖港发展物流，必须注重建立满足现代物流需要的信息平台。为此，可以从以下几方面着手：

（1）发展 EDI 业务。EDI（Electronic Data Interchange）是指电子数据交换，从商业及贸易的角度来看，EDI 是将与贸易有关的运输、保险、银行和海关等行业的信息，用一种国际公认的标准格式进行编制，并通过计算机通讯网络，实现各有关部门或公司与企业之间的数据传输与处理，并完成以贸易为中心的全部业务过程。EDI 业务沟通了物流过程中各环节的流动信息，实现信息的共享，是目前国际上港口和贸易中较普遍采用的交易信息化标准。大力推行 EDI 的实施正是我国正在交通和贸易领域开展的信息化推进的一项重要工作。因此，芜湖港的物流信息建设的一项迫切工作就是尽快建立 EDI 信息服务平台，为客户营造良好的信息沟通环境。

（2）建设完善的信息基础设施。建立信息平台的另一项重要任务是完善物流基地的信息基础设施。这是一项投资较大的工程，一方面需要政府予以大力扶持，同时，也可以吸收外资进行投资，以便在较短的时间内，扩大信息设施的容量，提高信息传输的速度，增强信息传输的可靠性和安全性。

（3）吸纳信息人才。信息平台的建立和维护都需要大量的信息技术专门人才，而目前我国的信息人才非常紧缺，芜湖港如果要建立可靠的信息平台，必须制定具有吸引力的鼓励人才的政策。在待遇和生活上给予特殊倾斜，并尊重信息技术人才在专业上的自主权，让他们的作用得以充分发挥。同时，可以对现有的具备一定信息技术基础的人员进行再培训，以培养一支对港口事业有感情的信息技术队伍。

4. 加强与航运、物流企业合作

在现代物流时代，港口之间的竞争实际上已经转化为供应链与供应链之间的竞争。一个港口要在竞争中取胜，站住脚，必须认真构筑自己的供应链系统，要意识到，港口仅仅是供应链上的一个环节，如果港口所依托的供应链被切断，那么港口本身的生存和发展将会受到明显的影响。因此，为了维护供应链的完整性和牢固性，港口应该通过延伸物流服务和联合其他物流组织，以修补供应链上可能出现的缺环。芜湖港在发展物流过程中，重点应对以下对象采取联合策略：

（1）承担长江运输的航运企业。长江航运企业是与芜湖港直接关联的物流企业，其航线的设置直接影响到芜湖港的吞吐量。为此，应该借助于港航企业传统上的联系，与航运企业建立一种较紧密的联盟关系，并在经济上互融，以巩固自己的供应链结构。

（2）大型货主企业。大型货主是港口赖以生存的基础，通过向货主提供更为有效的物流延伸服务，使顾客的价值和满意度得以提高，通过简化货主的物流服务环节，以降低货主的物流支出。例如，为货主提供包装、分拣以及配送服务。这些延伸服务实际上为修补供应链中的缺环起到了很大的作用，也是巩固供应链的重要举措。

（3）一些有实力的与芜湖港的供应链相关的陆路运输企业。在开展物流活动时，并不是要将全部物流活动揽下由自己承担，而是应该学会"外派"。特别是在承担从港口至货主的货物运送服务中，可以与具有较强实力和信誉较好的公路和铁路企业联手，共同构筑供应链。

5. 培养和引进物流人才

制定物流人才培养规划，建立物流人才培养体系，通过多种途径培养和吸纳物流人才。鼓励高等院校按照市场需求开办和设置现代物流专业及课程，可以同高等院校联合办学，有组织、有计划地对在职人员进行技术培训；借鉴国际先进经验，加强对物流从业人员的从业和执业培训，并以此为基础实行物流产业从业人员执业资格制度；鼓励和引导高校学者、市场研究机构、机关、企业工作人员开展现代物流理论与实践的研究；积极从国外引进高级物流管理和专业技术人才。

第三章　现代港口物流服务供应链理论

一、服务供应链的相关研究综述

我国在 2001 年发表的物流术语国家标准中，定义供应链"是生产及流通过程中，涉及将产品和服务提供给最终用户活动的上游与下游企业，所形成的网链结构。"根据上述定义，供应链的内涵不仅包括提供产品的供应链，还包括提供服务的供应链。因此，将供应链划分为产品供应链和服务供应链。国外关于服务供应链的研究起步于 2000 年，美国学者 Lisa M. Ellram 在 2004 年发表的《理解和管理服务供应链》，标志着服务供应链正式开始受到关注。国内关于服务供应链行业应用的研究几乎与国外同步，但比较集中在物业服务、旅游服务和物流服务等领域。由于服务供应链的研究起步较晚，因此尚未有一个统一的定义。国内外学者对服务供应链的内涵有多种不同的理解。总结起来，共有五种比较常见的定义。

第一种观点：从产品服务化的角度来定义服务供应链。传统产品供应链已不能适应当前产品服务化发展的要求，服务业的健康发展需要新的供应链理论的指导，这种观点将在产品服务化过程中发生的一系列的先后服务活动定义为服务供应链。例如，Dirk 和 Steve Kremper（2004）将服务供应链界定为服务计划的设定、资源的分配和修理恢复等管理活动；胡正华（2003）阐述了服务链的有关概念，提出了供应链与服务链之间的关系；冯敏（2004）将服务链分为前期、中期和后期三个阶段，并分析三个阶段的绩效评价问题。

第二种观点：基于产品供应链的理论定义服务供应链，认为服务供应链是指将产品供应链的思想应用于服务行业中的实体产品。Jack S. Cook（2001），Richard Metters（2004）采用库存管理和信息集成的供应链管理思想，提高医院健康护理服务的综合绩效；金立印（2006）认为服务性企业应该针对顾客的不同需求，不断改进供应链管理模式，提高服务质量，降低成本，以获得竞争优势。

第三种观点：围绕服务生产过程来定义服务供应链，认为服务供应链是指服务行业中的不同生产主体之间的供应需求关系。Edward G（2000）等人研究了服务供应链中牛鞭效益问题，该文所指的服务供应链是指服务行业的供应链，与产品供应链之间存在较大差异，认为它没有库存堆积，而是通过间接的服务能力来解决订单的堆积问题。

第四种观点：基于服务企业采购服务产品的角度定义服务供应链，这种观点认为，服务供应链本质的思想就是采购专业服务。金立印（2006）认为服务供应链是整合所有服务资源共同创造顾客价值；Ellram（2004）从采购专业服务的角度理解服务供应链的概念，认为服务产品是有形产品和无形产品的结合，从供应商到客户的信息、流程、资金和绩效管理的专业服务过程中形成了服务供应链；陈小峰（2004）认为可以将采购专业服务的供应链思想运用于物业服务；张英姿（2005）认为旅游服务中可以通过采购其他服务提供商的服务产品完成旅游服务要求。

第五种观点：围绕服务生产过程来定义服务供应链，这种观点认为顾客既是服务的需求者，又是服务的供应者，服务企业应从顾客的需求出发，进行生产的再转化，然后再输出到顾客。SCott（2000）认为服务供应链具有双向性，服务中的顾客同样也是供应商的身份；刘少和（2003）指出，服务产品的生产与消费同制造企业一样，存在一条"生产流水线"。

综合以上关于服务供应链的五种定义，我们认为第四种定义能够清晰地与产品供应链的定义进行比较，反映服务的特点。

二、物流服务供应链的相关研究综述

在早期的文献研究中，Slats、Bhola、Evers 等（1995）对物流链的产生原因进行了研究，总结了物流链的发展历程；Bowersox 和 Closs（1998）论述了刺激物流服务联盟产生的因素。Fitzsimmons（2001）认为服务链与制造型供应链具有相似性，采用供应链管理的范式，提出了服务链管理的概念。金立印（2006）认为有关供应链管理的研究大部分是针对制造业为主，缺乏系统的探讨和深究，他研究了基于中国民航数据的供应链管理结构模型。

随着物流服务功能的不断完善，物流客户越来越高的需求，使得物流企业不断扩展生产和销售领域，从而逐步演化成物流服务供应链的管理模式。田宇（2003）提出物流企业运营中存在一种以集成物流服务供应商为主导的 LSSC 模式，即集成物流服务供应商的供应商—集成物流服务供应商—制造、零售企业模式；闫秀霞、孙林岩和王侃昌（2005）认为物流服务供应链是围绕物流服务核心企业，利用现代信息技术，控制供应链上的物流、信息流、资金流等，实现客户价值与服务增值。

纵观国内外的研究成果，物流服务供应链的研究历程较短，在国内外的专题研究刚刚起步，尚有待深入开展。但随着经济全球化进程的加速，作为现代物流的高级管理模式，物流服务供应链已经引起学术界和企业界的广泛关注和重视。

三、物流服务供应链的内涵及特点

随着市场竞争的日趋激励与消费需求的多样化，传统生产制造企业越来越重视服务对企业竞争力的影响，许多制造企业逐步把产品的涵义从单纯的有形产品扩展到基于产品的增值服务，这种趋势称为产品服务化。物流服务供应链管理是运用管理的思想和方法，以某一物流服务单位为核心，通过集成服务供应链中的合作伙伴的优势资源，将各种物流资源快速整合以满足用户需求，最终目的是提高物流服务水平，降低服务总成本，获得更大效益和更强竞争力。物流服务供应链是在服务供应链发展基础上，将服务供应链相关理论用于物流行业而逐步形成的一个专业概念，它是以物流服务集成商为核心，依靠先进的信息技术整合物流服务资源，为物流需求方提供个性化和网络化的物流服务，为制造供应链提供物流服务的一种新型供应链。

（一）服务供应链的定义

1. 服务供应链的界定

服务供应链的概念首先是由美国学者 Lisa M. Ellram 在 *Understanding*

and Managing the services Supply Chain 一文中提出，Ellram 从服务需求者的角度，考虑怎样很好地管理专业服务供应链，并针对专业服务给出服务供应链管理的定义：从最初供应商到最终顾客的信息、流程、能力、服务绩效和资金的管理，他概括了产品供应链中 HP 模型、SCOR 模型和 GSCF 模型的优缺点及适用范围，构建了一个由功能型服务供应商、服务集成商和服务消费者构成的服务供应链模型，也被认为是服务供应链管理研究的开端。其中，对服务供应链的内涵研究也逐渐展开，如 DirkDeW 认为服务供应链是支持企业产品售后服务涉及的物料计划、移动和维修的全部过程和活动；TuncdanBaltacioglu 等认为服务供应链管理是管理从初级供应商到最终客户的信息、过程、资源和服务质量；Huang SH 等认为服务供应链管理是从服务初级供应商到最终客户，所有信息、操作、容量、服务质量和资金的管理过程。目前还没有统一的服务供应链标准定义，但从国内外现有的相关文献可以看出，关于服务供应链的内涵理解大致有三类：①将服务供应链理解为将产品供应链管理方法与理念应用于服务供应链管理系统，这种观点侧重于强调服务供应链与产品供应链之间的差异，认为在目前竞争日益激烈的服务行业中，服务业应当采取在生产制造业中发挥着积极作用的供应链管理模式来提升其服务需求预测的能力，有效地满足不同顾客的多样化需求；②将服务供应链理解为是随着服务外包不断增长而兴起，在企业服务外包过程中逐步发展完善，从最初服务供应商到最终交付服务过程中的信息流、资金流、服务流、服务过程与服务绩效的管理模式；③从售后服务的视角来理解服务供应链，强调售后服务在企业保持竞争优势和盈利方面起到的重要作用，称之为服务端供应链管理。可以界定为：随着产品服务化的发展，为保证产品售后服务有效开展，对包括服务计划与运行、产品维修及备品备件管理等所有售后活动进行管理的模式。服务供应链是供应链管理方法与理论在服务领域的拓展，是供应链管理的一部分。

服务供应链的内涵与供应链管理的含义较为相似，都是对从原始供应商到终端用户之间的资金流、信息流等要素的管理过程，只是用服务产品和服务部门替代了供应链中的实体产品和产品生产部门。目前关于服务供应链理论的应用较为广泛，从现有文献看，主要集中在物流服务、酒店管理、旅游服务业、物业管理等领域。

2. 服务供应链的特点

服务供应链与产品供应链虽然在内涵上有许多相似之处，但同时作为供应链管理思想的组成部分，服务供应链和产品供应链也有很多不同之处，具有自身的一些特点，在现有文献基础上，总结出服务供应链的特点如下：

（1）产品无形性。服务供应链的最显著特征之一就是提供的产品是无形的服务。无形性包含两层含义，一是服务产品的不可储存性；二是服务产品不能像有形产品能够呈现在消费者面前，顾客无法通过无形的服务产品判断服务集成商和服务供应商，只能根据服务的口碑或者惯性决定是否购买服务，顾客在购买服务产品后才能感知服务产品的质量。因此顾客满意度是衡量服务供应链竞争力水平的重要指标之一。

（2）顾客影响性。顾客发出服务需求，顾客既是服务供应链的起点，又是终点。服务供应链的顾客影响性是指在服务产品的生产和消费过程中，顾客都是参与其中的。此外，顾客影响性也指顾客对服务产品的绩效评价具有主观性。例如服务人员的态度和服务交付的环境会对服务产品质量产生重要影响。

（3）产品异质性。没有两个服务需求者和服务提供者正好一样，服务的异质性主要是由于员工与顾客之间的互动以及在此过程的相关变化因素所导致的，由于服务的异质性使服务组织难以提供强可靠性、强一致性的服务，这也使得定义服务质量成为一个难题。

（4）产销一致性。服务供应链中的服务生产与消费在时间上具有一致性。收到顾客服务需求后，向顾客提供服务产品，与此同时顾客接受服务产品。服务具有不可储存性，因此服务不可能像有形产品那样被运输、储存、退回或转让，服务产品的生产与消费过程是同时发生，服务提供的时间、服务的质量、服务设施的需求存在许多不确定性，个性化使得服务质量的管理变得更加困难。

（5）渠道简短性。产品供应链的结构一般表示为：原材料供应商—供应商—制造企业—分销商—零售商—终端客户，与产品供应链相比，因为服务产品的无形性，服务产品需要服务集成商向顾客集中提供，所以服务供应链通常比较短，一般只有三级：服务集成商的供应商—服务集成商—终端客户。

3. 服务供应链的相关概念比较

从服务供应链的定义可以知道，服务供应链是一个相关性很强的概念，特别是与服务外包、产品供应链以及供应链管理之间存在着相互联系和区别，为了更好地对本论文研究对象进行清晰的界定，在此有必要对几个相关概念进行区别。

（1）服务链与供应链。供应链与服务链及其供应链管理和服务链管理属于两个不同领域的研究对象，两者概念的表述、链条结构组成、管理的对象和目标以及系统的稳定性都存在较大的差异。

第一，服务链和供应链的定义。供应链是围绕核心企业，通过对信息流、物流、资金流的控制，从采购原材料开始，制成中间产品以及最终产品，最后由销售网络把产品送到消费者手中的。将供应商、制造商、分销商、零售商、最终用户连成了一个整体的功能网链结构；供应链管理的核心意义在于如何使企业能够与合作伙伴在供应链运作上实现协同性，实现供应链合作伙伴资源共享、协调支持供应链所有企业的协同运作，从而取得整体最优的绩效水平，达到提高供应链整体竞争力的目的。服务链是以物流技术、信息技术、系统工程等现代科学技术为基础，以满足顾客需求最大化为目标，将服务有关的各个方面，如政府、保险、银行等，按照一定形式有机组织起来，构建完整的消费服务网络；服务链管理的重点在于：集中与协调企业内部的产品研发、采购管理、生产运作、市场营销、人力资源、服务等方面的竞争优势，从而有效地向终端客户提供满足其需求乃至超越其期望的产品与服务。

第二，服务链与供应链的结构比较。供应链的组织构架相对较为复杂，主要包括原材料供应商、零部件供应商、制造商、分销商、零售商和终端客户六个节点，供应链结构的多层次委托代理关系让供应链运作效率下降，从而引发了类似"牛鞭效应"这类供应链管理问题的出现；而对服务链而言，由于服务具有无形性、易逝性，服务企业不可能经过漫长的多级渠道存储和销售服务产品，因此，服务链结构相对简单。同时，服务具有很强的客户参与性，客户参与对于完成服务生产具有决定性作用。此外，在供应链管理中，往往包含制造企业在内的一个或多个核心企业，而在服务供应链中，只有一个核心企业，即居于组织构架中心的服务集成商。

第三，供应链与服务链的管理目标比较。供应链管理目标归纳起来大概由以下几个方面构成：选择合适数量的供应商，与供应商建立长期战略合作关系，保持供应链的全局稳定性并稳步实现效率提升，通过信息共享逐步实现采购、生产、储存、销售等方面的合作。概括起来就是在供应链参与企业范围内实现资源集成与优化管理。服务链具有服务的生产和消费在时间上具有一致性特征，因此要求服务链在满足客户服务需求的过程中，使用服务供应商和集成服务企业的全部相关资源。同时，由于服务产生和过程传递必需有消费者的直接参与，使得在服务链中消费者与集成服务企业以及服务供应商之间的沟通成本较高。因此，服务链的管理目标可以总结为针对特定客户服务需求所有相关的企业资源同时同地协同运作。

第四，供应链和服务链的稳定性比较。供应链管理思想强调基于企业间相互信任基础上的全面合作，而信任是通过企业间长期合作博弈形成的，一旦供应链之间的参与企业形成联盟，要有较长的持续时间，至少会在一个产品的研发及生产周期，否则，这种破坏联盟关系的成本将会很大。因此，供应链系统具有较高的稳定性。但因为服务具有无形性和异质性等特征，对于服务的需求难以预测，服务质量难以界定，所以导致了从服务提供商到最终消费者都具有较强的不稳定性，再加上服务需求的异质性远远大于产品需求的异质性，从而也导致了服务链比供应链更具有不稳定性。

（2）服务供应链与服务外包。服务供应链和服务外包是服务经济发展的两种重要途径，是新兴的商业模式。服务外包实质是服务供应链的组成元素，是服务供应链的一部分，相互联系的多层次服务外包构成了一条完整的服务供应链。两者既有区别，又有联系，分析比较服务外包和服务供应链的异同和内在联系为深入理解服务供应链的内涵起着重要作用。

第一，概念的区别。服务供应链是在供应链基础上出现的全新概念，可以理解为服务供应链是对从初始服务供应商到最终用户之间的信息流、资金流等要素的管理过程；服务外包是全球化背景下发展起来的服务产业跨区域商业模式，服务外包是指从事生产经营的制造业主将服务剥离出来，以商业形式发包给外部服务提供商，服务外包是跨国公司进行"归核化"战略调整的产物，其本质是制造企业以价值链管理为基础，将其非核心业务通过合同契约等方式分包、发包或转包给外部服务提供商，实现生产要素和资源的有效配置的跨国生产组织模式。

第二，内在关联性。服务供应链与服务外包两者从字面上存在较大区别，属于不同的管理领域，实际在产生背景、运作管理模式上均有很大的相似性。第一，服务供应链与服务外包的产生和发展具有相似的社会经济背景。在全球化和信息化背景下，企业的服务消费成本越来越难以控制，服务支出在企业成本中的比例越来越大，服务业在社会就业和国际贸易中的比例越来越大，为适应服务市场的变化发展，提高企业市场竞争力和市场响应速度，以社会分工细化为基础，服务外包逐步成为企业提升服务竞争力的主要手段，逐步构建形成了多层次的服务外包体系，形成了多级的服务供应链；第二，服务供应链与服务外包管理目标一致，两者都是为了适应市场从"纵向一体化"向"横向一体化"的转变和提升企业核心竞争力。传统管理模式下，企业为了达到有效的管理和控制目的，对核心和非核心业务及相关资源采取集权式的"纵向一体化"管理模式，在企业内部形成一条从原材料到最终产品及客户服务的流水线。随着服务发展和客户需求的迅速变化，企业向灵活性更强的"横向一体化"转变，原材料、半成品在全球范围内选择优秀的供应商。在服务供应链中，企业的咨询、培训、物流、售后等服务部门也被剥离，企业更关注自身核心竞争力和系统集成；而服务外包从一开始就根据具体的比较优势和竞争力，在全球范围内实现国际的资源配置，从而提升公司的整体战略，打造核心服务能力来体现企业核心竞争力、增强服务竞争力；服务企业的竞争优势，很大程度上取决于核心服务专业技能和运作技能是否具有异质性与独特性。

（3）物流服务与服务供应链。

第一，物流服务的定义。我国国家标准物流术语（GB/18354—2001）将物流服务定义为：物流服务是指为满足客户需求所实施的一系列物流活动产生的结果；同时也有国外学者认为物流服务是由仓储、运输、库存、订单处理和相关信息流组成的整个物流服务供应链直接输出的客户服务活动，物流服务具有三个绩效维度：存货可用性、周期时间、客户响应。

第二，内在关联性。物流服务属于服务业的一种类型，可以理解为为了提高运输、仓储、配送、流通加工、包装、装卸搬运等物流活动过程的有效衔接和效率提升，从而快速、高效、高质量、低成本地提供市场所需的物流产品或服务。物流服务这种无形产品的交易不改变货物的属性，仅仅是以货物为载体，通过对货物的储存、装卸搬运、运输、包装等物流功能实现货物的空间价值和时间价值。服务链上的物流服务集成商、功能型物流供应商、物流服务需求方，以及为物流企业提供非物流服务的工商企业、海关等所有节点看作一个整体，就构成了物流服务供应链，隶属于服务供应链集合。物流服务与一般的服务相比区别在于：第一，物流服务系统的结构比较复杂，节点企业组成成员更多。在服务链节点上，除了由物流服务集成商、功能型物流供应商和物流需求方外，将为物流服务的工商行政、海关等政府部门也包括其内，使得整个服务链的结构变长。第二，物流服务系统提供的服务范围更加广泛。除了运输、仓储、配送、流通加工、包装等功能型物流活动外，还将提供物流咨询、物流金融、海关监管等业务活动，使得整个服务系统功能更加强大。第三，物流服务将服务链与供应链有机结合起来形成一个系统，将供应链的各个节点企业物流需求作为物流服务供应链上的一部分，从结构上延伸了供应链的内涵。

4. 物流服务供应链的内涵

（1）物流服务供应链的定义。当前对物流服务供应链定义还没有形成明确的共识。认可度较高的说法是：物流服务供应链是以物流服务集成商为核心成员，将物流服务供应方和需求方进行组合的网链型结构。国内较多学者也对物流服务供应链的定义进行了界定，如闫秀霞等把物流服务供应链界定为围绕物流服务的核心企业，应用现代信息管理技术，控制供应链上信息流、物流和资金流等来实现服务增值与用户价值的过程，可以理解为将物流的运输、仓储、配送等众多功能与物流最终用户形成一体的网状结构；申成霖等把物流服务链定义为以集成物流服务企业为核心的新型供应链，为物流需求方提供全方位的优质物流服务；高志军等指出物流服务供应链是由集成各项物流能力的物流服务集成商为核心企业，以客户物流服务需求为动力，通过供应链上各个节点企业之间签订合同对服务流、资金流和信息流进行有效的控制，整合链上各种物流资源，将服务流程管理、服务能力管理、服务价值管理与服务绩效管理进行综合集成而形成的从单独的物流服务分包商到物流服务需要方的功能网链型结构模型；崔爱平在以上定义基础上，将物流服务供应链进一步阐述为：物流服务供应链指围绕物流服务核心企业，从客户物流服务需求出发，通过对物流、服务流、资金流和信息流的控制，整合链上所有物流资源，将服务流程管理、服务能力管理、顾客价值管理和服务绩效管理集成，构建从物流分包商到物流需求方的物流增值服务的完整功能网链结构模式。

　　总体来说，狭义的物流服务供应链可理解为，为提供一体化的集成物流服务，从上游的功能型物流企业到集成物流服务供应商再到末端的客户所形成的网链供需合作结构；而广义的物流服务供应链则可以延伸至更上游的物流设施设备、信息技术等提供商，并包含中间所有为实现一体化物流服务需求而互相配合的企业或部门所组成的合作结构。

　　（2）物流服务供应链的特点。物流服务供应链伴随物流服务产业的发展而形成，服务外包与产品服务化的持续增长以及相关服务业的快速发展，为服务供应链的产生与发展奠定了坚实基础。这种模式将链上的运输、储存、包装、采购、流通及配送等物流作业与物流终端用户连成一个整体的功能网链，链上的联盟物流服务企业在协同合作与竞争取胜的过程中，信息共享、风险共担、共同决策、共同发展、互相受益，表现出明显的行业特征。本书在崔爱平、张德海分析基础上，概括出了物流服务供应链的特点，如下：

　　第一，系统的复杂性。物流服务供应链系统是由物流服务分包商、物流服务集成商以及物流服务需求方等若干参与主体、多节点构成的复杂网络，成员之间协调困难。同时，服务供应链作为供应链的组成部门，与产品供应链具有一定交叉性，各个企业间以及企业的各个部门之间具有不同的职能但又彼此相互关联，信息流、资金流、商流等众多要素在同一系统中的不同节点相互作用。再加上物流服务供应链系统是商业环境变化的产物，经济、政治、自然环境的变化等会促进系统本身的动态发展，因此物流服务供应链具有高度的复杂性和不稳定性。

第二，强大的信息处理能力。因为物流需求的广泛性和异质性，当物流服务集成商结合消费者的需求进行业务流程设计及采购、生产、销售，设计选择最佳运作方案时，需要对客户的调货、仓储、配送等方面的信息进行加工分类处理，再加上客户的地理位置各不相同、各种服务要素所形成物流网络的错综复杂，物流服务供应链系统必须具有强大的信息处理能力，在物流服务供应链的成员之间实现信息实时共享的情况下才能流畅的运转。快速的信息处理技术是集成物流服务供应商的核心能力，凸显了物流服务供应链的典型优势，也是物流服务集成商与传统功能型物流企业的根本区别所在。

第三，服务能力的保障性。物流服务是一种服务产品，具有可靠性、安全性、响应性、移情性、无形性等五大维度。其中可靠性是指能够准确可靠地执行承诺服务的能力，是客户感知服务质量最重要的决定因素之一。由于 LSSC 是由承担多项物流功能的企业构成的复杂网链结构，需要整合供应链上无形的物流管理知识以及有形的物流设施设备，统一地向物流客户提供及时的、可靠的、满意的一体化物流服务，这将影响整条供应链能否在竞争日益激烈的物流服务市场中生存与发展，能否取得竞争优势。

第四，较强的互补性。物流服务供应链向客户提供的主要是无形的物流服务，其服务能力的大小不是由一个分包商或集成商的水平决定的，而是由较多的要素、众多的利益实体共同作用所决定的。这些要素和实体之间通过互补关系联系在一起，从而实现供应链整体功能的最优化。具有较高组织管理能力的物流服务集成商在适当的时间选择合适的物流专业分包商，激励分包商去有效实现具体的物流服务功能；而具有较强专业能力的分包商则需要具有较高组织管理能力的集成商来整合，一起协调合作，向客户提供满意的物流服务。因此，集成商和与主要分包商之间是一种风险共担、利益共享的战略互补型合作伙伴关系，具有较强的互补性。

第五，系统高度集成物流服务供应链。这是应用集成管理思想和方法，围绕某一物流服务需求，集成链上所有成员企业的人员、流程和技术等优势资源，将各种物流资源的快速整合以满足客户需求。对同一服务产品，实行服务标准化、业务规范化和管理一体化，形成一个无缝链接的运作整体。它提供的服务不仅包括提供运输、仓储与配送服务，还有报表管理、信息管理、业务咨询、承运人选择、货代、报关、产品再包装、库存补充、贴标签等多种功能。

5. 物流服务供应链形成原因

自 1962 年德鲁克在《财富》杂志中提出物流是"经济领域的黑暗大陆"以来，物流理念不断升华，物流整合逐步扩展到了供应链整合。供应链管理强调的是企业核心竞争力，供应链中的核心成员是制造业企业或零售商，其核心竞争力不在物流方面，因此为了提高主营业务效率，降低在其他资源上的成本，需要将自己的物流业务外包，这为物流服务业的产生提供了机会。物流外包服务和物流服务业的迅速发展，为物流服务供应链的产生奠定了夯实的基础，概括起来，物流服务供应链形成源于以下几方面的原因。

（1）专业化发展与社会分工的必然产物。随着社会分工的深入，企业的功能越单一，生产经营专业化程度越高。企业经历了管理模式从纵向一体化向横向一体化发展后，物流从企业内部职能部门剥离，逐步实现物流服务外包，进一步发展到物流服务供应链，物流呈现网络化、专业化和独立化状态，这是社会分工不断深化的结果，也是社会分工与专业化发展的必然产物。

（2）增强服务链渠道的核心竞争力。对于物流服务供应链的主要参与企业，必须实现高度合作、信息共享、共担风险，以便形成物流服务供应商能共同计划最优方法，采用更有效的手段来满足用户需求，使物流服务取得规模经济和协同效应，不断提高物流效率、降低物流成本，是物流服务供应链形成的内在动力和重要原因；同时，物流服务链的形成，排除了资源浪费和重复努力，特别是对于传统的功能型物流公司，为了完成用户综合性的物流需求，不得不进行大量的人力、物力和资金投入，从而极大地增加了企业的投资风险。

（3）降低供需双方交易成本。传统的功能型物流服务提供商局限于自身能力，难以组织大规模物流活动，而通过与物流服务集成商的战略合作，组成物流服务供应链，降低了功能型物流服务提供商独自进入市场所需支付的收集、整理、加工市场信息的成本，及其谈判、签约和监督履约的成本等费用，与此同时，通过与物流服务集成商合作，功能型服务提供商业务量增长，资源的利用率提高，物流企业内涵式扩大再生产、利润率稳步提升的目的得以实现。物流服务供应链的形成，大大降低了物流运作成本，从而降低了物流交易双方的成本。

（4）满足商业运作环境变化。自20世纪90年代以来，全球市场的增长和国外采购的增加使得物流功能需求的增加，商业全球化被业界认为是物流外包最核心的驱动力量，随着物流服务的深化发展，工商企业物流外包业务也不断增多，从而导致对物流需求种类和数量的增加，只有形成专业的物流服务供应链管理，才能满足市场环境变化需求，保障企业的可持续发展。

（5）弥补单一物流企业能力不足的需要。随着社会经济的发展和人们对物资的多样性化需求，产品订购逐步向小批量定制化方向发展，从而促使了对物流需求的多样性。现有多数物流企业是从原有的运输企业或仓储企业升级而成，物流企业的运营能力、物流功能欠缺，再加上资金投入不足，单一物流企业现状无法满足制造企业发展需求，只有通过功能型物流提供商向物流上传递相应的物流功能，才能最终满足服务消费者的需求。

（6）技术与政策环境。物流专业化为制造装备业与现代信息技术的飞速发展提供了可靠保障，也对物流企业管理模式变革起到了催化剂的作用。企业管理离不开有效的信息技术支持，物流效率的提高不能没有先进的物流技术装备，物流信息平台的构建和各种专业物流信息技术的使用，为物流企业变革新的管理模式准备了有利的市场条件。同时，为促进物流业与制造业和商贸流通业的联动发展，政府也出台了相关物流产业发展政策，2005年《物流企业分类与评估指标》国家标准（GB/T19680－2005）将物流企业分类为运输型物流企业、仓储型物流企业、综合型物流企业，并出台了相应的税收、信贷等优惠政策，这有利于物流业健康持续发展，为物流企业的管理方式革新提供了强有力的推动作用。

6. 物流服务供应链的结构

田宇（2003），刘伟华（2008）提出物流企业运营中存在一种以集成物流服务供应商为主导的物流服务供应链模式，即集成物流服务供应商的供应商——集成物流服务供应商——制造、零售企业模式，集成物流服务供应商的供应商指传统的功能型物流企业；集成物流服务供应商具有能提供集成物流服务，能提供定制服务，高效的信息处理技术构成企业核心能力，能提供网络化服务等特点。

闫秀霞、孙林岩和王侃昌（2005）认为物流服务供应链是围绕物流服务核心企业，利用现代信息技术，控制链上的物流、信息流、资金流等，将链上的物流采购、运输、仓储、包装、加工、配送等物流服务业与最终用户连成一个整体的功能网链结构，实现客户价值与服务增值。

申成霖（2005）认为物流服务供应链是一种新型的供应链，它以集成物流服务供应商为核心，来为需求方提供全方位的服务。这里的集成物流服务供应商指的是综合型的物流企业，通过业务转包的形式提供物流服务，具有良好的服务信誉，能够承担多项甚至所有的物流服务。

包文（2007）认为物流服务典型的结构为：功能型服务提供商——服务集成商——客户；在运营模式上更多采用市场拉动型，具有完全反应型供应链特征；在供应链协调上更多的是服务能力协调、服务计划协调等；在稳定性方面，服务供应链的稳定度较低，首先是由于最终客户的不稳定性，其次是异质化的客户服务需求，使得服务企业所选择的服务供应商会随需求的变化而及时调整。

在申成霖及包文研究的基础上，梁尚昆（2007）对物流服务供应链的类型进行了研究，认为物流服务供应链除了需求拉动型，还应有以物流服务企业推动为主的供应链运营模式。推动型物流服务供应链模式中必须有一个强大的物流服务推动源，即集成物流服务供应商，必须具有以下特点：①敏锐的市场洞察力，预测各种服务需求趋势，并能"储备"服务的能力；②快速的市场反应能力，能够提供多种服务，特别是针对不同的需求提供个性化服务；③强大的供应链整合能力，能够对整个供应链进行重组和再造；④主动服务能力，即能主动提供针对不同服务需求的能力。

以上关于物流服务供应链的几种定义中，本文认为田宇、刘伟华提出的集成物流服务供应商的供应商（功能型物流企业）——集成物流服务供应商——制造、零售企业模式，对物流服务供应链的定义比较完整。

四、港口物流服务供应链的内涵

（一）港口物流服务供应链的理论综述

阳明明（2006），俞宏生（2008），李宁（2008），孙莉（2009）对港口物流服务供应链的概念及特点进行了归纳总结，认为港口物流服务供应链是以港口企业核心，将装卸、加工、仓储、运输、配送、金融等各类服务供应商和客户有效结合成一体，在有效的时间内，将一定数量的商品配送到正确的地点，实现供应链高效运营。张玲（2008）采用德尔菲法从外部环境、供应链运作流程和供应链合作三个方面识别港口企业供应链的风险因素，重点建立了港口企业供应链风险评估系统，运用 BP 人工神经网络模型评估供应链风险，研究了港口企业供应链的风险处理与防范措施。Carter，J. R. 和 Fertin，B. G.（1995）认为通过战略上的合作，把物流整合的原理扩展到供应链中所有的企业。Christopher，M 和 Towell，D. R.（2000）强调需要敏捷的供应链，在快速改变的全球环境中生存。Paixiao 和 Marlow（2003）提倡把"敏捷"运用于港口环境，建议港口应该是积极主动地而不是被动地顺着世界经济中现代全球化的供应链。Edward G（2000）等人研究了服务供应链中牛鞭效应的问题，他在文中认为服务供应链的行为不同于产品供应链。它没有库存堆积以补充订单，而是间接通过服务能力来解决订单堆积。他开发了一个类似于啤酒游戏的抵押服务游戏（Mortgage service game），基于订单堆积和服务能力两个重要参数，游戏中利用服务能力缓冲替代了产品供应链中的库存缓冲，游戏的结果表明在这种服务供应链中确实存在牛鞭效应的情况。Ellram（2004）从采购专业服务的角度理解服务供应链的概念，认为服务产品是有形产品和无形产品的结合，从供应商到客户的信息、流程、资金和绩效管理的专业服务过程中形成了服务供应链。金立印（2006）认为航空公司、酒店及旅行社之间通过整合资源形成服务供应链来提高效率，降低成本，形成了服务供应链，认为服务供应链的本质是整合所有服务资源来共同创造顾客价值。Goran Persson 和 HelgeV'u'um（2001）提出了物流服务提供者分类，他们认为，按照复杂性和资产专用性可以分为基本物流服务操作商、专业化物流服务商、先进的物流网络商、物流服务集成商。按照是否基于实体和基于需求的定位可以分为物流操作商、物流代理商、第三方物流提供商、物流集成商。他们还给出了各种物流提供商的实例，认为各种物流服务提供商之间存在相互合作和供给的关系。KLChoy（2007）认为物流服务供应链的基本结构为：功能提供商、物流服务集成商、客户等要素组成，提出了集成化物流信息管理系统，解决了我国南方物流发展过程中存在的不确定性问题。Lee，P. D. （2006）运用社会网络理论来解释港口物流供应链中的合作问题，论文引用了三个港口供应链来说明港口供应链事实上是一种社会网络，港口供应链运营的成败很大程度上取决于这种网络的协调程度，三个港口供应链中，具有较高衔接度和协调度的更容易获得较高的运营绩效，这篇论文为采用社会网络理论对供应链关系和港口供应链协调性研究奠定了基础。

港口作为全球运输甚至是国际物流、供应链网络中的一个重要节点，是进出口贸易货物、工农业产品的转运集散中心，具有重要的国际经济、贸易、物流战略地位。世界港口的发展大致上经历了三代，第一代港口主要是1950年以前的港口，其功能定位是"运输中心"，基本上只包括海运货物的转运、装卸、临时存储等。第二代港口一般指20世纪50年代至80年代工业化时期的港口，其功能定位是"运输中心+服务中心"，除了保持第一代港口的功能外，增加了工商业方面的货物增值功能。第三代港口主要指20世纪80年代以后的港口，其功能定位是"国际物流中心"，除了前几代港口的功能外，还具有集货物、信息、技术、服务于一体的物流功能。随着柔性化、个性化的倡导，20世纪90年以后开始出现第四代港口的概念，强调港口之间的互动以及港口与相关物流活动之间的互动。通过提供精细作业和敏捷服务，实现港口所在物流供应链各节点之间的无缝连接，满足客户的差异化需求。随着港口、港口经济的兴起与发展，物流在港口发展中的作用开始凸现。港口物流通过不断改变和拓展港口的服务功能，成为港口提高竞争力，实现长远发展的主要源泉。港口物流是指中心港口城市利用其自身的口岸优势，以先进的软硬件环境为依托，强化其对港口周边物流活动的辐射能力，突出港口集货、存货、配货特长，以临港产业为基础，以信息技术为支撑，以优化港口资源整合为目标，发展具有涵盖物流产业链所有环节特点的港口综合服务体系。港口物流作为一种特殊形态下的综合物流体系，伴随着港口的发展而不断得到扩展和延伸，已经成为集运输、仓储、装卸搬运、配送、流通加工、包装、信息处理于一体的物流中心。①运输。运输作为港口物流的首要功能主要指的是对进出口货物的集疏运，以及各种运输方式之间的转换和衔接。②仓储。仓储功能主要是实现各种运输方式转运过程中的暂存以及对各种物资、进出口货物的后勤储存及管理。③装卸搬运。利用专业化的装载、卸载、提升、运送、码垛等机械，实现对货物高效率、低损毁的装卸搬运。④配送。港口通过建立配送系统，提供覆盖较广区域的物流配送服务。⑤流通加工。港口利用其集散转运中心的地位，开展贴标签、刷标识、拆分、组装等简单的流通加工业务。⑥包装。为了保护产品、方便储存、促进销售，港口对货物进行相应的包装。⑦信息处理。港口利用自身强大的信息网络和信息集成能力，实现对其他物流功能的信息支持，同时为客户提供相应的货物跟踪、市场决策信息。随着全球供应链体系的形成和发展，港口物流进入了供应链管理时代。港口通过与其他物流企业、船公司合作，形成一体化的供应链物流运作网络，为客户提供一条龙以及高附加值的服务，满足客户个性化的需求。港口物流服务供应链正是供应链管理思想在港口物流领域的实践。

（二）港口物流服务供应链的涵义、特点及功能

1. 港口物流服务供应链的涵义

纵观近几年国内外相关领域的研究成果，关于物流服务供应链在港口企业的理论和实践研究还比较少。施丽容（2007）认为港口供应链是以港口为中心，货物和原材料等通过港口，与上游和下游的供应链实体，进行再生产和最终的消费，形成形态各异的货物流、信息交换和资金流。阳明明（2006）认为港口物流供应链是指以港口为核心企业，将装卸、加工、仓储、运输、报关、配送、金融等各类服务供应商和客户（包括付货人和船公司等）有效结合成一体，并在正确的时间，把正确数量的商品配送到正确地点，实现系统成本最低。王玖河（2007）对港口企业供应链进行了研究，认为港口企业供应链是以港口企业为盟主，以信息技术为手段，实现信息流、物流、资金流在供应链上的顺畅流动，与上下游企业形成的服务型的企业供应网链结构。

综上所述，基于对物流服务供应链结构的分析，我们以系统中的增值流、信息流、服务流、资金流等要素为主要研究线索，对港口物流服务供应链的结构进行分析，认为港口物流服务供应链是指以港口为核心企业，将装卸、加工、仓储、运输、报关、配送、金融等各类服务供应商和客户（包括付货人和船公司等）有效结合成一体，并在正确的时间，把正确数量的商品配送到正确地点，实现系统成本最低的功能性网络。

2. 港口物流服务供应链的特点

港口物流服务供应链属于服务型供应链，它的特点体现在以下几个方面：

（1）协调性程度要求较高。港口物流服务供应链是一个整体合作、协调一致的系统，它有装卸、加工、仓储、运输、报关、配送、金融、船公司等多个合作者，在整个供应链上的参与者都是为了共同的目标，协调动作、紧密配合。

（2）不确定性因素较大。由于供应链的生命运转周期存在不确定性，在当前物流业快速发展的时代，不同港口间提供的物流服务也呈现日益趋同的现象，使得企业在选择港口的过程中存在越来越多的不确定性因素；同时，港口物流服务供应链的运作也受到地区差异性带来的港口发展政策的影响。

（3）选择性和动态性较强。港口物流服务供应链中的企业是经过筛选而确定的合作伙伴，它并不是一成不变的，而是随着服务目标、服务方式的改变而变化的，是一个动态调整的过程。

（4）具有复杂性和虚拟性。在实际的运作过程中，港口物流服务供应链操作需要目标的准确、快速的反应能力和高质量的服务，但由于供应链中合作伙伴的物流管理水平、基础设施、技术能力等存在差异，使得供应链呈现复杂性的特征；港口供应链是一个协作组织，是优势企业之间的连接，依靠信息网络的支撑和相互信任的关系协调运转，犹如一个虚拟的强势企业群体，在不断地优化组合中得以延续和发展。

3. 港口物流服务供应链的功能

根据现代港口的发展特征，港口不仅仅具有物流的功能，作为港口供应链中重要的综合物流服务提供商已在供应链中占有了中心位置，正在起着越来越重要的作用。供应链环境下，港口应具有以下功能：

（1）商业功能。现代港口作为商品流、技术流、资金流、信息流与人才流汇聚的中心，有些港口交易已经完全离开了港口固有的运输功能，朝着全方位的增值服务的方向发展，增强了其作为供应链中的销售和贸易功能。

（2）工业功能。随着港口的发展，临港工业也越来越发达。通过港口，由船舶运入供应工业的原料，再由船舶输出加工制造的产品，前者使工业生产得以进行，后者使工业产品的价值得以实现。港口的存在是工业存在和发展的前提，在许多地方，港口和工业已融为一体。现代港口已经不仅仅为现代工业提供运输服务，而且也提供了现代工业发展的理想场所。

（3）信息集成和共享功能。港口物流服务供应链必须有统一的信息平台，进而与各物流服务供应商的信息管理系统乃至业务运作系统的互联互通、数据传输、信息共享，形成信息网，促进实现港口服务供应链的信息集成和共享，有利于大大提升港口服务供应链的管理和运作水平。根据信息共享的内容、目标和功能，将信息共享划分为 3 个层次，即战略信息层、管理信息层和作业信息层。

（4）完备的物流服务功能。港口物流服务供应链的节点是相关各物流服务供应商，连线都是经由装卸、运输（包括铁路、公路、航空、内河货运）、报关、仓储、流通加工、配送等一系列相对独立的企业协同完成，必须确保诸环节的顺畅和整体的协调，这才是完备的港口服务供应链结构，是提升管理和运作水平的先天因素和必要条件。

（5）品牌效应功能。港口作为第三方物流服务的提供者，它的品牌是整个供应链凝聚的体现，也是整个供应链核心竞争力的体现。当这种品牌被整合进供应链时，它实际上已是一种供应链品牌，它预示的是整个供应链整合后产品有形和无形质量的双重体现。

（6）资源协调、整合功能。港口物流服务供应链结构中包括客户、各物流服务供应商和政府监管机构（海事、海关、检验检疫、边防公安、港口管理等）这三个方面。港口需要发挥协调方面的主导作用，切实确保港口服务供应链的管理和运作水平。在战略层面上，港口物流服务供应链的资源整合就是通过组织协调，把合作伙伴整合成一个为客户服务的系统，取得"1+1>2"的效果。在战术层面上，港口供应链的资源整合就是优化配置的决策，即根据港口供应链合作伙伴的发展战略和市场需求对有关资源进行重新配置，以凸显港口供应链的核心竞争力。

（7）效率、效益最大化功能。港口物流服务供应链使各个局部链节紧密结合在一起，可减少局部生产要素的不合理配置，调动其潜质、潜能得到最优发挥，从而实现营运效率的最大化。此种效率的最大化，必然使投资和营运成本相对降至最低，从而实现效益的最大化，有效增强港口供应链的整体竞争实力。

第四章 物流服务供应链结构体系

供应链管理是当今企业管理理论和实践所关注的重要领域，其内涵包含了产品供应链和服务供应链两个方向，但是，以前大多数学者对于供应链的研究都关注于制造企业，主要集中在产品供应链上，对服务供应链的研究相对较少。物流服务供应链是服务供应链的行业应用，也是社会分工和物流专业化、社会化的产物，更是一种管理思想与运作方式，通过物流服务的集成与资源的整合，创造客户价值，同时实现所有节点价值的增值。我们主要从物流服务供应链定义入手，分析物流服务供应链系统的形成原因和系统要素，运用集成管理思想构建物流服务供应链的结构体系。

一、物流服务供应链发展的理论基础

（一）资源基础理论

1984 年沃纳菲尔特（Wernerfelt）的"企业的资源基础论"的发表意味着资源基础论的诞生。资源基础理论（Resource-based View，简称 RBV）认为，企业是各种资源的集合体。由于各种不同的原因，企业拥有的资源各不相同，具有异质性，这种异质性决定了企业竞争力的差异。概括地讲，资源基础理论主要体现在：特殊的异质资源，属于企业竞争优势资源；资源的不可模仿性，保障竞争优势的持续性以及特殊资源的获取与管理。

在当今竞争日益激烈的市场环境下，任何一个物流服务企业，无论拥有多么强大的核心竞争能力，在其生产和提供服务产品的时候，都不可能垄断一切。物流服务企业的竞争地位不再完全由该物流企业内部所拥有的能力和资源所决定，而在很大程度上由全球范围内其他物流企业所组成的物流服务供应链的广度和深度所决定。物流服务供应链的管理目标就是通过控制和利用系统独特的战略资源、战略要素等，增强整体物流服务竞争能力，如果服务集成商能保持比竞争对手有更强的内在反应能力，或者能提供下游企业不可或缺的资源，那么下游企业对其依赖性便会加强，从而使得服务集成商具有更强的竞争优势。因此，物流服务商利用功能型物流提供商的资源进行结合，获取不同的资源，物流企业的竞争力不再被局限于内部的自然资源、人力资源和财力范围，从而创造出更大的价值。

（二）交易费用理论

交易成本理论（Transaction Cost Theory），也称交易费用理论，它是由英国经济学家罗纳德·哈里·科斯（R. H. Coase）1937年在其重要论文《论企业的性质》中提出来的。它的基本思路是：围绕交易费用节约这一中心，把交易作为分析单位，找出区分不同交易的特征因素，然后分析什么样的交易应该用什么样的体制组织来协调。科斯认为，交易成本包括获取市场准确信息所需要的费用，及谈判和经常性契约的费用。换言之，交易成本包括信息收集成本、谈判成本、签约成本、督促履约情况的成本、处理违约行为的成本所构成。

Williamson TL在科斯基础上，对交易特性如何影响选择组织模式进行了分析，同时得出交易费用还与交易特性相关。如资产专用性和交易频率等，若交易频率较低，发生次数少，资产是专用性的或是混合性的，这种情况是新古典契约关系，此时治理机制应是交易双方和第三方参与的三方规制；若交易频率较高，交易经常发生，资产专用性程度不高，这种情况属于关系性契约。其中，若资产是混合的，对应的治理机制是由当事人双方共同参与的治理，即双边规制；若资产是专用性的，对应的治理机制是由企业一体化，即统一规制；若是通用性资产，不论交易频率的高低，均属古典契约关系，对应的治理机制一定是市场规制方式，交易条件经过多次讨价还价达成。交易费用决定了企业的存在，企业采取不同的组织方式最终目的也是为了节约交易费用。建立物流服务供应链的动因在于，物流服务供应链中的物流集成服务商具有物流企业内部组织和外部市场的优势，同时避免了两者的劣势，可以通过技术分享和获得市场外部资源，扩大可用资源的范围，使得可以最大限度地利用社会资源，同时克服了市场交易的不确定性。服务供应链的建立，使服务供应链的交易费用显著下降，收益明显增加。

（三）核心能力理论

核心能力理论可追溯到18世纪早期亚当·斯密的企业分工理论，即通过劳动分工，企业能够更好地培育和提升生产力，对提高劳动生产效率和增进国民财富具有较大作用。该理论的雏形是20世纪20年代马歇尔提出的企业内部成长论，该理论认为企业内部各职能部门之间、企业之间以及产业之间存在着"差异分工"。1990年，美国学者普拉哈拉德和英国学者哈默（C. K. Prahalad & G. Hamel）在杂志《哈佛商业评论》中发表了《公司的核心能力》（*The Core Competence of the Corporation*）一文，首次提出核心能力理论，自此确立了其在企业战略管理中的主导地位，核心能力理论代表了战略管理理论在20世纪90年代的最新研究成果，此后，核心能力理论成为管理理论界被广为关注的前沿问题之一。尽管学术界对于核心能力的内涵没有达成统一共识，但都认为核心能力是企业获得竞争优势的源泉，是企业的最重要的战略资源，是资源积累的发展过程中培育起来的企业特有的能力。核心能力具有以下特征：第一，用户价值，核心能力必须有助于实现用户所看重的价值，是用户价值的来源；第二，独特性，这种能力是企业同竞争对手相比所特有的，具有竞争上的"独一无二"；第三，难以模仿性，由于核心能力是企业在特定发展过程积累起来的，由多个单位及个人相互作用产生的，其他企业很难模仿；第四，延伸性，核心能力能够为企业衍生出一系列新产品或新服务，企业能够拓展到相关的新业务领域；第五，动态性，企业核心能力虽然是企业资源长期积累的成果，但是并非一成不变，随着时间、环境及市场需求而变化，当企业战略目标发生转移时，企业的核心能力必须进行重建与发展，第六，综合性，核心能力不是单一的能力，而是多种能力与技巧的融合。

物流企业最擅长的主营业务是为客户提供物流服务，以满足消费者需求，同时也追求自身利益，因此，在物流服务供应链中，物流服务商在选择功能型物流服务提供商的时候，将会更多地看重自身的核心竞争力，组成功能强大的物流服务供应链，发挥并增强其核心能力，利用其他服务企业各方面的资源，这样可以更好地满足客户需求，同时最大化自身利益。

（四）价值链理论

1985 年，哈佛大学商学院战略学家迈克尔·波特在其所著的《竞争优势》一书中首次提出了价值链的定义，指出它是对增加一个企业的产品或服务的实用性或价值的一系列作业活动的描述，主要包括企业内部价值链、竞争对手价值链和行业价值链三部分。波特认为：企业价值创造的过程可分解成一系列互不相同而又相互关联、连续完成的增值活动，这些活动环节整合成一个创造价值的动态过程，即价值链。依据活动在技术、经济性质和目的的不同，把价值链活动分为两类，即基本活动和辅助活动，划分标准包括：一是该活动在技术、经济上具有一定的独立性，能单独存在，二是该活动具有战略意义，在产业增值中所占比重大，或其是竞争优势的来源。经济活动中价值链无处不在，上下游关联企业之间构成行业价值链，企业内部各业务单元之间构成企业价值链。价值链上的每项价值活动都会对企业最终能够实现价值的大小造成影响。物流服务供应链就是一条增值价值链，它的绩效水平主要取决于各供应链成员的物流能力、协作程度以及各个增值活动的相互衔接。物流服务供应链上活动过程众多，不仅包含运输、仓储、配送服务，还提供业务咨询、报表管理、货代、报关、库存补充、承运人选择、信息管理、产品再包装、贴标签等多项活动，因此，在分析物流供应链增值过程中，应该认真运用价值链理论分析物流的基本活动和辅助活动，尽量减少成本，增加整个服务供应链的价值。

二、物流服务供应链系统

（一）物流服务供应链管理目标

物流服务供应链管理是一种系统化管理思想，其目标是通过优化物流活动提高物流服务供应链整体绩效，实现顾客物流绩效最大化。物流服务供应链管理的关键不在于对单项的物流活动或物流提供商的管理，而在于对贯穿整条链的信息、流程、效率、能力与关系的管理，从而创造出最高的顾客满意度和最大的服务绩效。以客户需求为出发点，为物流需求方提供定制化、个性化和高附加值的全方位物流服务。

（二）物流服务供应链参与成员

物流服务供应链以物流服务集成商为核心企业，将社会物流资源整合从而为需求方提供全方位的优质物流服务。物流服务供应链成员是指为了满足物流客户需求互相配合而又相互独立的企业或部门。集成物流服务供应商通过业务转包的形式选择合适的功能型物流企业构建物流服务供应链为物流需求方服务，物流服务供应链上的节点成员主要由功能型物流服务商、集成型物流服务商、物流服务需求方以及金融服务机构、工商行政管理机构等构成。

1. 物流服务集成商

物流服务集成商在物流服务供应链中具有核心位置，它是对外输出物流服务满足客户需求的源头，是向物流服务需求方提供物流服务解决方案的直接主体，也是整个物流服务供应链的规划者、主导者、组织者和协调者，对顾客的物流绩效承担直接完全责任。目前，物流管理学对物流服务集成商的定义还没有统一的标准。Donald 认为物流服务集成商能向物流需求方提供全部或重要部分的集成服务；蔡云飞等提出物流服务集成商应用先进的物流信息技术和较强的物流管理能力，将功能型物流企业的资源进行整合，为客户提供多样化的物流服务，如单一的物流服务、综合性的物流服务、物流方案的总体设计、供应链管理与设计等。物流服务集成商是能够协调、控制和管理整个物流服务链的主体企业，能够根据客户的众多需求快速高效的组织服务链内部资源从而为需求方提供方便快捷物流服务、物流咨询、物流金融等业务的企业。

物流服务集成商从事的业务范畴较广，包括为需求方提供仓储与保管服务、运输与配送服务、包装与流通加工等单一或复合的物流功能服务，也可以为需求者提供货代、报关、报表管理、业务咨询等物流相关的委托代理服务。概括起来，物流服务集成商的职责主要包括资源开发、物流系统总体设计、物流运作过程监督与控制、物流业务外包与资源外购、一体化增值服务提供、物流系统集成整合等六个方面。

2. 功能型物流服务商

功能型物流企业是指那些实施具体物流业务活动的各类专业物流企业，主要包括运输企业、仓储企业、包装企业、流通加工企业、装卸搬运公司、配送公司等。这类企业大多数是由原来的运输公司、仓储公司等升级而成的物流企业，从企业的技术投入、信息化管理手段，以及人才素质等要素决定了企业输出的物流功能还比较单一，并且业务范围具有较大的区域限制，这些企业只有通过物流集成商的统一协调和管理，才能发挥自身能力最大效用。功能型物流企业和物流集成商最初形成的是一种契约关系，这种关系可能会持久，也有可能是临时的，这取决于自身的发展，能否与物流集成商所构建的服务链管理相适应，一旦形成了合作的联盟战略关系，对功能型物流企业的长足发展有重要作用。

功能型物流企业包括两类：一是狭义上的功能型物流企业，功能型物流企业也可称单一物流企业，即它仅承担和完成某一项或几项物流功能。二是弱竞争区域的第三方物流企业，即其市场竞争区域与集成物流企业存在着非交叉性，在该区域内的第三方物流企业可能是供应商，但在其市场占有率高的区域就可能是集成物流服务商。

3. 物流服务需求方

物流需求是指一定时期内社会经济活动对生产、流通、消费领域的原材料、成品和半成品、商品以及废旧物品、废旧材料等的配置作用而产生的对物在空间、时间和费用方面的要求，涉及运输、库存、包装、装卸搬运、流通加工以及与之相关的信息需求等物流活动的诸方面。随着社会经济的日益发展，物流服务需求种类较多，来源广泛，概括起来主要分为三大类：一类是制造类企业范畴，如汽车制造业、电子制造业、化工制造业等，制造企业为了节约物流成本，加强自身的核心竞争力培育，将物流业务全面外包，甚至鼓励将供应链上合作伙伴的物流业务也进行外包，与物流服务集成商签订服务合同，形成一种基于信任的长期战略联盟关系，这类物流需求方既是物流需求者，同时也是物流参与者；二类是属于商贸流通企业范畴，如医药配送、冷链物流、快速消费品等行业，这类企业本身也是为制造企业服务，同时也是连接制造企业和最终消费者的中间渠道，商贸流通企业和制造企业是物流需求的主要群体；三类属于功能型物流企业本身，很多功能型物流企业是由原来的运输、仓储企业升级而成，管理水平和技术力量都还很薄弱，有些企业凭借自己的资源和能力无法对企业本身进行高水平的规划，因此需要通过向集成物流服务商进行物流咨询，还有些企业因为现金流量受限，需要进行质押监管等物流金融业务，这也是物流服务供应链与一般的物流服务链所提供的业务范畴区别。

4. 物流设备供应商

功能完备的物流服务供应链系统，除了以上列出的参与成员外，还应有一些为物流运作提供软件硬件支持的相关企业。如，物流设备供应商，负责提供物流设施并提供技术职称。物流设备供应商大致有两类，一类是提供单一物流装备的企业，如叉车、起重机、货架、运载工具等；另一类是提供如自动化仓储设备的设施供应商，这类企业的产品特点是成组成套装备，各个组件间需要相互衔接；此外，信息管理作为现代物流的主要标志，信息管理系统的供应商也必不可少，信息管理系统供应商为物流行业提供的软件服务主要有两种方式，一是根据企业的行业属性、产品属性，以及企业对管理系统的要求进行专门设计，这种软件具有较强的专用性，因此价格相对较高，但对企业管理层而言，信息管理更为方便；二是物流行业的通用软件，将物流活动的仓储、运输等功能活动实习集成，对于企业有较大的成本优势，同时也给予企业一些标准化的业务流程，但这对不同企业间的差异化发展有一些制约。还有一类就是类似于第四方物流性质的供应商，企业将信息管理系统进行外包。

5. 物流咨询公司

物流服务供应链系统除了提供物流服务外，还有一个重要的功能就是为需求方提供物流咨询活动。因此，物流咨询公司是不能缺乏的组成成员。物流咨询公司一般有以下几类：一类属于综合的管理咨询公司，这类公司除了物流咨询业务，还提供企业战略管理、投资管理等业务，现在越来越多的世界级管理咨询公司重视物流咨询业务这一市场，如埃森哲公司曾在物流与供应链管理领域获得高达数亿美元的咨询费用；还有一类属于专业型的物流咨询公司，这类企业主要业务是为需求方提供物流业务咨询、物流发展战略规划、物流中心规划设计以及物流业务流程设计与优化等；另一种是专业的各有所长的物流咨询公司，如欧麟物流咨询公司主要擅长于物流中心规划，扬子江物流咨询主要服务于物流流程设计等。物流咨询公司一般服务于以下三种类型的客户：一是工商企业的物流部门，主要是对工商企业的物流战略、物流设施系统、物流信息系统及物流组织结构进行专业规划；二是物流企业，主要是为物流企业制定发展战略，而物流方案的设计一般可以由第三方物流企业自身完成；三是政府部门，主要是区域物流及物流园区的规划等。

6. 非物流服务企业

随着社会分工与专业化发展需求，一些新兴的岗位或业务在物流领域出现。在物流服务中，除了以上与物流业务直接相关的节点企业外，还有一些非物流服务企业出现，他们专为物流企业提供诸如物流金融、质押监管的非物流功能业务，这些企业包括银行、海关，也包含综合实力较强的物流集团，如中海集团。物流金融是一个比较新的概念，对于物流金融还没有一个权威定义，从广义上看物流金融就是面向物流业的运营，通过开发、提供和应用各种金融产品和金融服务，有效地组织和调剂物流领域中资金和信用的运动，达到信息流、物流和资金流的有机统一。这些资金和信用的运动包括发生在物流过程中的各种贷款、投资、信托、租赁、抵押、贴现、保险、结算、有价证券的发行与交易，收购兼并与资产重组、咨询、担保以及金融机构所办理的各类涉及物流业的中间业务等。从狭义上看物流金融就是银行和第三方物流服务供应商在供应链运作的全过程向客户提供的结算和融资服务。质押监管是指为确保债权的实现，贷款人将货物或物权凭证移交银行占有，以此担保偿还贷款。质押监管业务一般涉及三方，即贷款人（客户）、金融机构（银行为主）和物流企业（监管方），以中国外运广东有限公司自有仓监管（仓单质押）业务为例，通俗地说，就是贷款人把质押物寄存在物流企业的仓库中，然后凭借物流企业开具的仓单就可以向金融机构申请贷款融资，物流企业作为公正的第三方对客户的货物进行监管；当客户需要提货时，只需要出具金融机构的放行条就可以获准放行。此外，质押监管还包括输出监管、全程（在途）质押和进出口质押监管等业务类型。

三、物流服务供应链结构体系

根据对物流供应链系统的分析，构建了基于信息管理平台的物流服务供应链系统。该系统以物流管理信息系统为中心，功能型物流供应商、物流提供商、物流需求方、非物流服务企业等参与主体通过 ERP 信息系统运作和管理，为客户提供运输、仓储、包装、流通加工等物流功能；同时也为需求方提供物流金融、质押监管、物流咨询、报关等业务。该物流服务供应链系统中，所涉及的主要问题包括以下几个方面：

1. 功能强大的物流管理信息平台

物流信息系统由人员、计算机硬件、软件、网络通信设备及其他办公设备组成的人机交互系统，其主要功能是进行物流信息的收集、存储、传输、加工整理、维护和输出，为物流管理者及其他组织管理人员提供战略、战术及运作决策的支持，以达到组织的战略竞优，提高物流运作的效率与效益。其主要功能包括：数据的收集和输入、信息的存储、信息的传输、信息的处理和信息的输出。因此，一个功能完整的物流信息系统可由作业信息处理系统、控制信息处理系统、决策支持系统三个子系统组成。

2. 有效的物流配送网络

物流配送网络是配送过程中相互联系的组织与设施的集合。它的最终目的是为了使最终顾客满意，从而实现整个供应链的价值，并增强供应链的能力。销售配送网络是整个供应链的末端，属于末端物流，是最接近客户，直接影响客户满意度，并能快速掌握市场变动的一个环节。

3. 公平合理的利益协调机制

物流服务供应链上节点企业众多，作为供应链上的核心企业，集成物流提供商如何充分调配资源，让整个系统对客户的多样化需求做出快速有效的响应，除了具有组织构架、物流设施设备、物流管理信息等硬件基础外，重要的是还要具有公平合理的利益协调机制，提高服务供应链上节点成员的主动性。

4. 科学客观的绩效评价体系

物流服务供应链绩效评价是指在满足客户的需求基础上，达到降低系统运行物流成本的目的，建立科学的、可以量化的物流绩效评价指标，按照统一的物流评价标准，运用合理的评价方法与模型，对物流服务供应链系统的投入和产出做出客观、准确的评判。绩效评价也是检验系统是否有效的手段和途径，对于物流集成商而言，对功能型供应商的合理选择具有重要的决策价值。

四、物流服务供应链管理活动

服务供应链管理过程中存在大量的活动，上一级供应商与下一级供应商的任务不同。从服务提供商的角度看，有些活动存在于整条供应链中，而有些活动只在某些特定阶段发生。服务供应链管理的功能活动包括：需求管理、订单过程管理、容量和资源管理、供应商关系管理、客户关系管理、信息技术管理和服务质量管理。

1. 物流服务需求管理

需求管理对物流服务集成商而言，是供应链管理中最基本的功能活动之一，它是物流服务集成商能准确识别最终客户的需求特点和影响需求能力的因素，通过需求预测，制定需求计划，减少需求不确定性，使物流服务需求和供给相互匹配，提高物流服务供应链反应能力，以最小的总成本满足最终客户的管理活动。因为服务的异质性、无形性和不可储存性特征，导致服务需求管理比产品需求管理有更高的不确定性和更大的预测误差。在物流服务需求管理过程中，可以通过多种方法来解决这些困难。一是对物流需求做充分的市场调研，充分掌握客户相关信息，产品特征、所处行业、需求时间、需求大小等，同时要保留近几年的完整的历史数据，为物流服务需求统计和预测提供精确数据；二是在构建物流服务供应链过程中，对于功能型物流供应商的选择方面，要尽量选取具有较高柔性的物流企业，从而提高整个服务链的环境适应性，最大程度上满足客户需求；三是可以借用营销管理的理论和方法，细分市场，将客户群体分类，主动调节需求量，避免物流服务需求的高峰和低谷，尽量保持需求的稳定性。

一个完整的需求管理大概包括定义需求、需求确认、建立需求状态、需求评审、需求承诺、需求跟踪等几个过程，但不是每次需求管理都必须按照这个流程进行，需求管理本就是一个动态的过程，不可离开能动的、变化的系统进程而空谈需求管理。服务过程中，需求预测、计划和决策等都要优先于实际的服务传递，只有具备良好的需求管理，才有可能做好下一步的决策，因此，需求管理对于物流服务供应链的持续运行起着关键性作用。

2. 服务质量管理

质量对于产品而言，就是企业生命力的象征，因此，质量管理将贯穿整个产品从原材料到制造加工的全过程，否则，因产品的缺陷而导致的生命财产安全损失将无法弥补。对于服务供应链管理，服务质量管理同样重要，它可以看成服务供应链管理的中心环节，因为服务的无形，相比有形的产品质量管理更加困难，产品质量管理存在定量的检验标准和规范的操作流程，若发现问题可以及时弥补，而服务质量本身就很难定量检验，受主观影响较大，诸如每个客户对服务好坏的感受和评判标准不一致，并且服务评判是一个比服务消费滞后的过程，所以一旦出现问题，将会给企业带来无法弥补的损失，不仅会影响企业的信誉，更为严重将会使企业倒闭。因此，对于物流服务行业，服务质量管理不仅仅是一种业务发展的支持活动，它也必将与产品质量管理一样，贯穿整个物流服务供应链管理过程。

3. 服务订单管理

订单管理是客户关系管理的有效延伸，它能更好地将个性化、差异化服务融入客户管理中去，提升客户满意度。订单管理是管理从客户得到订单、检查订单状态、与客户沟通订单信息，到履行订单使客户得到服务的过程。订单管理需要确保订单信息的准确，并尽量为订单客户分类，以提高服务效率。随着信息技术的发展，在物流服务领域，订单管理的智能化已经很普遍，对于以中海集团为代表的大型国有物流企业，如果不借助信息化手段，要想获得好的订单管理那几乎是天方夜谭。订单管理功能包括一系列内在过程，订单准备、订单录入、订单传输、订单补充及订单重要性报告，还有很多与供应链管理其他活动交叉的部分，订单管理对客户满意度影响较大。除了通过网络或 ERP 系统进行订单传递，订单还可以有很多表现形式，如电话、传真预约或书面申请，订单管理人员应该以高标准的职业操守表现自己的职业素养。有效的订单管理，可以保证拥有一个畅通的服务流程，避免重复劳动或作无用功，从而使服务企业以较低的成本、更高的效率满足客户的需求，提高服务质量和客户的满意度，在提升企业形象的同时，更是可以降低顾客流失率。

4. 客户关系管理

客户关系管理（Customer Relationship Management，CRM）是一个持续了解顾客需求，持续加强与顾客交流，对产品及服务持续进行改进和提高来满足顾客需求的不间断的过程。其内涵是企业应用互联网技术和信息技术（IT）实现对客户的整合营销，是以客户为中心的企业营销的技术与管理实现。客户关系管理注重与客户的交流，其理念是以客户为中心，而非传统的以产品或市场为中心。为方便与客户进行沟通，可为客户提供多种渠道进行交流。

客户关系管理的具体内容是要应用信息技术更好对用户信息进行管理，对用户进行再认识，了解用户的要求与目标，对客户资源进行集中式管理，掌握用户的行为与心理，从用户的角度考虑问题，根据用户的需要与价值观来开发新的服务项目。客户关系管理人员可以参与到用户信息消费活动中，跟踪用户的消费活动信息，同用户建立沟通机制，并对用户需求进行深入研究，根据潜在信息需求的特点开发或引导潜在信息需求。客户关系管理的实施目标就是通过对企业业务流程的全面管理来降低企业成本，通过提供更快速和周到的优质服务来吸引和保持更多的客户。完善的客户关系管理机制，能够极大地改善企业与客户之间的关系，还可以实施于与客户相关的市场营销、技术支持与服务等领域。

5. 供应商关系管理

供应商关系管理是用来改善与供应链上游供应商的关系的，它是一种致力于实现与供应商建立和维持长久、紧密伙伴关系的管理思想和软件技术的解决方案，旨在改善企业与供应商之间关系，实施于围绕企业采购业务相关的领域。实施供应商关系管理的目标是通过与供应商建立长期战略合作伙伴关系，整合双方资源与竞争优势来共同拓展市场，寻找市场需求和扩大市场份额，降低产品前期的高额投入，实现双赢的企业管理模式。

服务供应商关系管理是服务供应链管理中重要的一环，服务供应商关系管理水平的高低对服务提供商的核心业务有着显著的影响。供应商关系管理包含许多活动过程，如通过选择合适的供应商、供应商谈判、构建联盟合作关系、服务合同管理、供应商评价、获得和控制供应链。物流服务供应链中的供应关心管理的关键之一是对功能型物流企业网络组织的管理，其核心内容是对组织成员间相互协作、互为补充关系的管理。在众多的物流活动过程中，没有一家有能力单独完成所有的业务活动，必须在物流服务集成商的统一协调下方能满足需求方的要求，因此，物流能力互补构成参与合作各方彼此依赖的先决条件。可靠的供应商关系应该建立在协调、合作、信任的基础上，在物流服务供应链中，良好的供应商关系管理系统可以使功能型物流服务供应商和物流服务集成商以及需求方协作工作，成本更低，效率更高。

6. 服务容量管理

服务容量管理是平衡顾客需求量与服务系统来满足顾客需求的能力。由于顾客需求具有波动性而服务提供和消费具有同步性，服务业经常会面临需求和容量不匹配的难题。同时，服务的易逝性还会进一步加大服务容量管理的难度。由于服务的不可能存储性，如果服务需求不足，服务的能力就消失了。相反，如果服务需求过量，没有满足的需求的商机也会消失。服务组织解决容量管理的难题有两种策略：一是容量与需求正好匹配；二是将容量维持在最大需求的水平。比如把雇员改为轮班制或利用钟点工来管理容量。服务公司的容量除了依靠劳动力资源，还要依靠公司里的其他资源，如设备、实物、资金和外购的服务等。容量与资源管理的成功取决于对这些资源进行高效组织来优化容量，从而适应需求的波动。

7. 服务风险管理

风险管理是指如何在一个肯定有风险的环境里把风险减至最低的管理过程。风险管理当中包括了对风险的量度、评估和应变策略。理想的风险管理，是一连串排好优先次序的过程，使当中的可以引致最大损失及最可能发生的事情优先处理、而相对风险较低的事情则滞后处理。现实情况里，优化的过程往往很难决定，因为风险和发生的可能性通常并不一致，所以要权衡两者的比重，以便做出最合适的决定。

对于处于物流服务供应链核心地位的集成商来说，物流服务风险管理就是通过物流服务风险的识别、预测和衡量、选择有效的手段，以尽可能降低成本，有计划地处理风险，以获得服务链上的各企业持续经营的经济保障。这就要求企业在经营过程中，应对可能发生的风险进行识别，预测各种风险发生后对资源及生产经营造成的消极影响，使企业运作能够持续进行。

8. 服务绩效管理

物流服务绩效管理是指在客户物流服务整个系统中，客户服务组织、客户管理人员和员工全部参与进来，管理人员和员工通过沟通、激励的方式，将客户服务企业的战略、管理人员的职责、管理的方式和手段以及员工的绩效目标等管理的基本内容确定下来，在持续不断沟通的前提下，管理人员帮助员工清除服务工作过程中的障碍，提供必要的支持、指导和帮助，与员工一起共同完成客户服务绩效目标，从而实现客户服务组织的远景规划和战略目标。影响绩效的主要因素有员工技能、外部环境、内部条件以及激励效应。员工技能是指员工具备的核心能力，是内在的因素，经过培训和开发是可以提高的。外部环境是指组织和个人面临的不为组织所左右的因素，是客观因素，我们是完全不能控制的。内部条件是指组织和个人开展工作所需的各种资源，也是客观因素，在一定程度上我们能改变内部条件的制约。激励效应是指组织和个人为达成目标而工作的主动性、积极性，激励效应是主观因素。

第五章　港口物流服务任务分配

一、任务分配理论

任务分配理论是各种领域特殊任务分配问题求解发展的结果。它是在对特殊任务分配问题分析和求解基础上的一种抽象，具有一般意义上的规范化表达。任务分配理论的研究进展依时间顺序大致经历了经典任务分配理论的建立、经典任务分配理论的发展、智能任务分配理论的建立和发展等几个阶段。

1. 经典任务分配理论的建立（20世纪40—60年代）

任务分配的理论研究大约始于20世纪40年代运筹学的发展和应用。运筹学通过抽象生产管理和人类组织运作中的任务分配问题，建立了任务分配问题的线性规划模型和指派模型，重点解决了利用现有资源能力条件如何最优完成工作任务的问题，形成了经典任务分配理论的研究流派。该阶段典型的研究成果主要有：线性规划问题及单纯形方法，指派问题算法，整数规划问题及分支定界方法等。一般认为，经典任务分配理论是在以下假设下进行的：被分配任务是确定的，任务具有明确的特征和处理要求，包括到达时间、所需的处理时间、资源能力等；接受任务的成员特征是明确的，成员具有清晰的能力表达，接受到任务后可以无故障地运行；集中式决策，任务分配的决策方案由代表系统进行整体利益决策，并被通知到各任务执行体。

2. 经典任务分配理论的扩展（20世纪60—80年代）

20世纪60年代，分布式系统的出现极大地推动了任务分配理论的发展，计算机技术的发展使得分布式处理系统可以通过分布式并行处理提高系统的运行速度，缩短作业的运行周期。然而，分布式处理却面临着在给定一系列可并行操作的处理环节如何将一组任务分配到多个处理节点上并提高任务处理的效率和收益等问题，于是研究者们掀起了分布式处理系统中任务分配问题的研究高潮，发展和完善环境下的任务分配问题模型和算法。

3. 智能任务分配理论（20 世纪 80 年代—至今）

20 世纪 80 年代，人工智能和通信技术的发展为智能任务分配理论的建立提供了契机。分布式人工智能的出现，使分布式系统的任务分配研究由解决并行问题转向了解决高层次的智能合作问题。除了利用分布式处理系统之外，还特别考虑到处理节点的智能性包括自治能力和交互能力等。

二、任务分配的方法

任务分配作为一类经典的问题，对其研究历时已有半个多世纪。在对任务分配理论的发展完善过程中，研究者们建立了大量的问题求解方法。总体来讲，主要有以下几类：

1. 规划方法

规划方法就是按照一定的目标要求，根据任务特征和资源能力约束，建立合适的数学规划模型，利用运筹学或者最优化理论的方法对其求解，进而获得最优的任务分配策略。典型的任务分配规划方法有：指派模型及其匈牙利算法和 0-1 二次规划模型及其启发式算法。此外，基于非线性规划的最优化思想，很多学者提出了问题求解的各类启发式算法，如禁忌搜索算法、遗传算法。

2. 图论方法

任务分配的图论方法是将任务和接受任务的成员的特征用图示的形式加以表达，并利用图论的方法建立任务和成员间的匹配，产生有效的任务分配方案。典型的图论任务分配模型有网络流模型和偶图的匹配模型。图论算法的显著优势是：它只需用点和线就能直观地表达任务和处理节点的结构，描述任务分配问题；缺点是：当任务和节点数很大时，很难用清晰的图刻画出复杂任务分配问题的特征，并且对一般的多于两个处理节点下的任务分配问题也没有有效的算法进行求解。

3. 负载平衡方法

王广芳等（1995）指出任务分配的负载平衡方法是根据各处理器的负载和最大处理能力来分配任务，以最大限度地提高系统的资源利用率，减小任务的平均响应时间。负载平衡方法的明显优势是：可用于解决分布式系统中的动态任务分配问题，提高分布式系统的资源利用率，减小任务的平均响应时间。局限性表现为：要准确获取各处理器的负载信息，并给出准确评价是困难的，同时依赖任务间通信费用和各处理机的异构性，也会造成系统的性能下降或者费用增大。

4. 搜索算法

王文杰等提出搜索算法的基本思想是在一定目标的驱动下，按照一定的规则去寻找问题的解，主要包括完全搜索和局部搜索。完全搜索基本上采用的是一种穷举策略，原理非常简单，只要将所有可能的任务分配都一一列举出来，然后根据事先制定的评价指标，具有最佳性能的分配就是最好的任务分配方式，这种寻优是完备的。但是，当问题比较复杂时，完全搜索可能因为需要列出所有的任务分配方案组合，耗费大量的计算，甚至可能产生组合爆炸问题。此外，当外界环境变化时，整个搜索又需重新开始。姚耀文等指出局部搜索基本上采用的是一种基于某种规则的启发式策略等。局部搜索因计算量不大，且能满足实时性要求，受到研究者们的青睐，但启发式搜索算法中的规则很难寻找，有时会以牺牲解的全局最优性来降低算法的时间复杂度，并且搜索过程多采用确定性的贪婪策略。搜索算法的特点是：直观、容易理解，全局搜索计算量大，局部搜索需要建立启发式规则，有时甚至需要牺牲解的全局最优性来降低算法的时间复杂度。

5. 市场化方法

市场化方法是分布式问题求解系统任务分配问题的常用方法，是基于市场理论提出的，主要包括合同网方法、市场平衡方法和拍卖方法等。合同网方法是 Davis 和 Smith 提出的模拟经济行为中的招标—投标—中标机制的协商协议方法。市场化方法的显著特点是：模拟了市场运作的特征，提供了任务分配有效进行的规范化框架，适于分布式任务分配问题的求解，但它提供的是任务分配的求解过程和步骤，只有在过程结束后才能得到显式的任务分配结果。

6. 联盟法

O. Shehory 等提出的联盟形成方法。联盟形成的任务分配方法是针对单个成员企业无法完成的任务而提出的，其基本思想是通过在成员企业间形成联盟，以联盟为单位来完成较为复杂的任务，或者改善完成任务的性能。联盟形成的任务分配问题求解主要包括三类活动：联盟结构生成、各联盟的问题求解，各联盟对解的分配达成一致意见。联盟结构生成就是要将所有的成员企业划分为不相交的成员集合，每个成员集合对应一个联盟，这种划分称为联盟结构；联盟的问题求解就是确定如何在联盟中进行任务分配，实现各联盟收益的最大化；各联盟对解的分配达成一致意见，就是要使任务的分配连同执行任务的收益都形成一致的意见。它不仅可以解决无法由单个个体完成的任务的分配问题，还可以解决联盟比个体完成任务更有效的情形，如虚拟企业的任务分配等。

三、任务分配的研究现状

从能力分配角度进行研究。Cechon 和 La Riviere 研究了一个制造商同时面对多个下游企业时，如何实现最佳能力分配。Jukka 等指出在考虑任务分配因素时，不仅考虑时间和成本，还要考虑客户的需求，运用运筹学算法进行求解。Ezgi 构建了供应商选择和能力分配的一个集成化模型，并提出运用多目标决策方法进行求解。Syam Menon 和 Linu Schrage 以生产成本最小为目标，研究了供应链生产中的企业能力分配问题，提出运用整数规划的解决方案。Ruengsak Kawaehai 和 Nguyen van Hop 认为有关供应链研究中对能力分配问题尚未深入，提出了制造商和供应商之间的能力问题，采取双方可以接受的采购成本和服务水平，最后验证了算法的有效性。

从订单约束角度进行研究。姬小利建立了面向供应链的订单任务分配运筹学模型，运用启发式遗传算法进行求解，并验证了算法的有效性。向晋乾探讨了以成本为约束条件、以利润为目标函数建立了订单分配模型。刘伟华研究了供应链上游对下游进行订单分配的问题，通过研究分析总结归纳出物流服务的提供商如何更科学、更高效地实现下游企业的订单需求。Wang SM 探讨了生产型企业进行任务分配时如何应对市场需求的变化，提出运用遗传算法和运筹学相结合的方法进行求解。张翠华研究了基于 JIT 采购的生产型企业的订单分配问题。杨红红等研究了分布式多工厂协作生产的供应链的约束批量计划问题，指出在能力约束下，任务合理分配的原则及重要性，建立了加工能力受限情况下的数学规划模型。孙鑫针对敏捷供应链的特点，为了实现资源的优化配置，满足客户的需求，对供应链的任务分配问题构建优化模型，提出了基于多 Agent 技术的库存任务分配的启发式算法、采购任务分配的线性规划模型和运输任务分配的 0-1 整数规划模型。狄卫民建立了供应链生产任务分配的整数规划模型，并结合理论证实由该模型所得到的分配方案能够使得供应链的整体收益最大化。蒋红梅从影响任务分配的因素出发，构造了以追求利润最大为第一目标，以充分利用企业核心能力为第二目标的数学规划模型。

从任务分配求解方法角度研究。陈科等在评价选择供应商的基础上，建立了各供应商供货任务分配的基于多目标决策的目标规划模型，并运用数学规划法进行求解。曾强提出了一种基于多个目标的制造任务优化分配方法，建立了以任务总加工时间最少、任务完成时间最早、任务完成总质量最高为目标函数，以制造设备负荷率满足要求为约束的优化分配模型，运用遗传算法进行求解。李莉等建立了虚拟企业伙伴选择多目标决策模型与算法，盟主使用多目标准则就企业伙伴完成某项任务进行评分，以此评分作为伙伴选择依据。宋业新等针对具有模糊信息的多目标任务分配问题提出了一种求解方法，利用一种对模糊数排序的方法，将问题转化为单目标问题并求解。肖郑进等人仅限于单方面的候选者之间的比较，选择比较值最高的候选者担当任务，忽略了任务本身属性对候选者的要求，从而容易造成资源效益浪费，导致高能力者执行能力要求低的任务。

总结国内外学者的研究成果发现对任务分配问题的研究主要集中在以下几个方面：一是任务分配的机制是影响任务分配的因素。二是任务分配的规则及任务分配的方法包括规划方法、图论方法、负载平衡方法、搜索算法、市场化法、联盟法。三是任务分配模型包括单目标模型、多目标模型。

四、港口物流供应链任务分配研究综述

研究港口服务供应链任务分配问题的还比较少，主要从基于能力约束角度和订单约束的角度论述了国内外研究现状，总结归纳解决港口服务供应链任务分配问题的方法，进而提出本研究的研究起点及需要进一步深入研究的问题。

Lee 和 Irene 阐述了在物流服务中影响能力分配的因素，提出相应对策，以实现整体利润最大化。刘伟华考虑在物流企业的运营成本、满意度及惩罚强度等因素的基础上，建立基于物流能力的任务分配模型并进行求解。李肇坤主要研究了以港口为核心企业的物流服务供应链中的多物流任务分配问题，依据港口物流服务供应链的成本结构及运营特点，考虑了服务供应链的服务时间、服务成本、各物流服务商对任务分配的满意度等多种因素，引入博弈理论，建立了完全信息下的港口物流服务供应链多任务分配模型和不完全信息下的港口物流服务供应链任务分配模型，最后运用模型对一个供应链实例进行任务分配。宋阳提出了基于遗传算法的 4PL 模式下物流任务分配的优化模型，运用遗传算法的基本原理，采用自然数编码、引入惩罚函数、大种群尺度和较小交叉概率等方法，对该模型的算法进行了设计，最后给出一个典型算例，说明该模型和算法的有效性。刘伟华在不确定需求的情况下，研究了物流服务集成商面对多个功能物流服务提供商时如何进行任务分配的问题。他结合物流服务供应链任务分配的特点，给出了基于多种物流能力的任务分配模型，并提出求解方案。丁蕊讨论了单一物流能力和多种物流能力的任务分配决策。给出物流服务集成商对功能型物流服务提供商任务分配的基本流程：运用多目标混合整数规划模型，综合考虑了服务商根据服务收益给予不同折扣价格环境下服务成本、服务质量和服务商满意度等因素，构建模糊需求情况下，基于服务收益价格折扣的物流任务分配模型；在考虑到决策者偏好的情况下，采用模糊多目标规划的最大满意求解方法，并结合具体算例分析了决策者的偏好以及价格折扣等因素对任务分配结果的影响。

总结国内外学者的研究成果发现对任务分配问题的研究主要从能力约束角度和订单约束角度进行研究，有定性研究和定量研究，但是对于港口

服务供应链任务分配的研究还不是很多，有待深一步研究。

五、港口服务供应链任务的内涵及特征

（一）港口服务供应链任务的内涵

1. 港口服务供应链任务的定义

任务是一个很难定义的概念。从一定意义上讲，任务可以被看作是主体对环境和对象的一种作用。由于环境的复杂性和对象的多样性，以及主体认识角度的不同，人们对任务的描述很难统一。马巧云（2006）对任务的定义如下：任务是为实现特定目标所需完成的工作。一般地，任务可区分为简单任务和复杂任务。简单任务就是只需要一个成员企业对环境及对象发生作用就能完成的任务。它是可以由单个成员企业独立执行的基本工作单位。简单任务既可以是任务完成过程中的一个具体步骤，也可以是任务完成所实现的某种特定功能等。它具有很强的独立性，有着明确的输入条件和输出结果，同时，它还拥有显式的属性特征，包括任务的到达时间、资源需求、执行时间、执行报酬等。复杂任务则是无法由单个成员企业完成的任务。它的输入条件和输出结果很难被直接准确地描述出来，而是需要经过分解转化为简单任务，通过简单任务的有机结合来反映其属性和特征。复杂任务的完成一般需要多个成员企业共同参与才能完成。

通过上述讨论，给出简单任务和复杂任务的定义如下：①简单任务就是只需要一个主体对环境及对象发生作用，将特定类型的输入转化为特定输出的一项工作。②不是简单任务的工作就是复杂任务，它是由一系列逻辑相关的跨越时间和空间的简单任务所构成的有序集合。

结合港口服务供应链的内涵，提出港口服务供应链任务是由一系列逻辑相关的跨越时间和空间的运输任务、装卸搬运任务、配送任务、仓储任务、流通加工任务、海关海事、边检、检验检疫及金融服务任务等所构成的有序集合。

2. 港口服务供应链任务的描述

为了准确地理解供应链物流任务的属性及相关特征，为规范化的港口服务供应链任务分配理论提供基础，将任务定义为功能、需求及资源三种要素的相互关系。功能是指物流企业完成任务所需要的物流功能，如运

输、仓储、流通加工、装卸搬运、配送、包装及信息处理、货代船代、边检、海关海事、金融服务等；需求是成员企业完成任务的要求，如成本、质量、时间、满意度、个性化设计等方面的要求；资源是物流企业完成任务所需要的资源及成员企业的相关能力，如完成任务必备的机械设备、信息系统、包装设备、搬运设备运输车辆、船、装卸车辆、仓储设备、网络系统等硬件指标及企业的经营状况、企业信誉度、信息化水平、人员素质、企业文化、企业信用等软件指标。

3. 港口服务供应链任务的分类

运输任务是"用设备和工具，将物品从一地点向另一地点运送的物流活动。其中包括集货、分配、搬运、中转、装入、卸下、分散等一系列操作"。运输是物流活动的主要环节，承担着改变物体空间状态，保证生产的持续和发展、实现供求衔接。同时，运输也是物流作为"第三利润源泉"的基础。由于运输环节需要靠大量的动力消耗，并且跨越空间大、时间长、距离长、消耗大，为物流总成本中首要组成部分。

储存任务是"保护、管理、储藏物品"。库存和储备是任何社会形态都存在的经济现象。存储指的是物品（物资）在进入生产加工、消费、运输等活动之前或在这些活动结束之后存放起来的现象。与运输相对应，储存以改变物品的时间状态为目的，是物流过程中克服时间间隔的主要方式，从而克服供需之间的时间差异，获得更好的效用。按物流流动规律进行储存经营，是提高物流系统效率的主要动力。

配送任务是"在经济合理区域范围内，根据客户要求，对物品进行拣选、加工、包装、分割、组配等作业，并按时送达指定地点的物流活动"。配送活动的效率是物流现代化的重要标志。在现代信息技术的支撑下，依据用户需求，利用先进的装备和管理技术，组织固定合理的渠道和网络，通过"配"和"送"的有机结合，实现资源的有效配置。由于现代配送环节集装卸、包装、仓储、运输等物流若干功能要素于一身，是物流各项活动过程的综合缩影。

流通加工任务是"物品在从生产地到使用地的过程中，根据需要进行包装、分割、计量、分拣、组装、价格贴付、标签贴付、商品检验等简单作业的总称"。流通加工是对物品进行加工，促进产品销售、维护产品质量和提高物流效率，保障物品从生产向消费领域的顺利流动。流通加工环节是现代物流系统中的重要利润源，是一种低投入高产出的加工方式，不但可以提高原材料的利用率，而且通过这种初级加工来方便用户、提高流通速度和设备等利用率。

包装任务是"为在流通过程中保护产品，方便储运、促进销售，按一定技术方法而采用容器、材料和辅助物等"将物品包封并予以适当的装有标志的工作的总称。包装是包装物及包装操作的总称，处于生产过程的末端和物流过程的开端。现代物流认为包装环节应作为物流始点纳入物流环节，从流通和客户需求的角度开展包装活动，实现保护商品、方便物流、促进销售和方便消费等物流包装功能。

装卸任务是"物品在指定地点以人力或机械装入运输设备或卸下"。搬运任务是"在同一场所内，对物品进行水平移动为主的物流作业"。装卸任务指的是在同一地域范围内改变物品的存放、支撑状态；搬运任务则改变物品的空间位置。这两大环节是降低整个物流费用的重要环节。在港口服务供应链中装卸搬运任务是港口企业的核心业务，是其他物流服务提供商不能完成的任务，影响着整条供应链的作业效率，所以装卸搬运环节又是影响物流效率、决定物流技术经济效果的重要环节。

信息是"反映物流各种活动内容的知识、资料、图像、数据、文件的总称"。信息处理任务的目标是促使物流信息与物流过程中的运输、保管、装卸、包装等各种职能有机结合在一起，支持整个物流活动的顺利进行，对整个物流起支持保障作用。

海关任务：监管进出境的运输工具、货物和其他物品，征收关税和其他税费，查缉走私等。

海事任务：国家水上安全监督和防止船舶污染、船舶及海上设施检验、航海保障等。

船代任务：负责船舶业务、办理船舶进出口手续，协调船方和港口各部门，以保证装卸货顺利进行。

货代任务：主要是订舱、报关、车运等。

边检任务：主要负责出入境船舶的边防检查任务。

金融服务机构任务：筹集资金、贷款等多种渠道实现资金流的协调。

港口服务供应链任务是指内陆运输、装卸、流通加工、配送、仓储、货代、海关、海事、检验检疫及金融服务等功能的一体化。其中海关、海事、检验检疫等政府机构及银行金融服务使供应链上的信息流、商流、物流及资金流协调统一，是最终实现整条供应链的绩效最优的支撑保证。

（二）港口服务供应链任务的特征

从物流环节角度来看，任务主要包括运输任务、仓储任务、配送任务、包装任务、流通加工任务、装卸搬运任务、信息处理任务及其他相关任务；从供应链物流角度来看，港口服务供应链是以服务理念为主导的供应链，属于服务型供应链，港口服务供应链的任务是由港口企业承接的，再将其科学合理地分配给各物流服务提供商，以实现港口服务供应链的资源合理配置，提高港口服务供应链的整体效益。具有以下特征：

1. 复杂性

在实际的运作过程中，港口服务供应链需要目标准确、反应快速和高服务水平，但由于客户的需求及市场的急剧变化，供应链中合作伙伴的物流管理水平、基础设施、技术能力等存在差异，使得港口服务供应链任务呈现复杂性的特征。

2. 不确定性

港口服务供应链任务的不确定性是指面对市场的急剧变化及客户需求的变动，港口企业在执行任务时会出现新任务或任务执行失败，因此，港口服务供应链的任务不仅要考虑当时情形，还要考虑现在决策对未来的影响。港口通常同时处于多条物流链中，每一条物流链的每个环节往往又存在多种选择，帮助客户对物流价值链的全程或一部分进行最佳决策，是整合优化各环节资源的目的。作为物流链上的一个节点，港口能否被物流服务提供商或物流服务需求方选择具有很大的不确定性，这导致了港口服务供应链的不稳定性特征。这种不确定性，一方面是由于外部环境的变化接到新任务，另一方面是由于内部资源能力的限制，以前分配出去的任务执行失败。

3. 协同性

为了更好地满足客户需求，需要重视任务间的协同性。各任务不同的作业性质，使得彼此之间相互影响，甚至出现矛盾冲突。以运输任务和存储任务为例，为了降低库存采取小批量订货，则需要频繁的库存补充，运输次数的增加将导致运输费用上升。选择快速的运输方式，虽然运费增加，但高效的运输环节能减少各物流据点的库存，减少仓储费用。

4. 衔接性

港口服务供应链中的任务包括运输任务、仓储任务、装卸搬运任务、流通加工任务、配送任务、包装任务及信息管理任务等。同时还包括海关海事监管任务，货代的订舱、报关任务，船代办理船舶进出口手续、协调船方及相关任务，边检的边防检查任务及金融服务机构提供的相关服务。只有上游物流服务提供商完成任务，下游物流服务提供商才能开始执行任务，因此，物流服务提供商之间要进行有效信息沟通与反馈，保证任务的顺利执行。

六、港口服务供应链任务分配机制与原则

（一）港口服务供应链任务分配机制

随着港口功能进一步完善，港口日益成为各种运输方式交汇的功能高效的综合性运输枢纽中心，必将成为重要的资源配置中心。现代港口服务水平的提高，"门到门"一体化服务促使港口与各物流服务提供商联合，实现资源优化配置，满足客户的需求。因此，港口企业除应继续发挥其装卸功能、转运功能外，还应将各类运输企业、服务供应商和客户有效结合成一体，在由供应地到需求地的物流过程中，使正确商品在正确时间和以正确数量进行配送，协同运作，构建一体化、无缝隙的以港口为核心的供应链网络。同时，港口服务供应链的资源优化配置是以客户需求的物流任务为驱动源，充分利用分散于港口服务供应链上可选物流服务提供商的资源（一个物流服务提供商在可用能力范围内可以承担多项任务），进行资源的优化配置，以顺利完成物流任务，并使整个任务执行中的物流最优传递。

港口服务供应链任务分配问题主要是指以港口企业为盟主，其拥有供应链中的物流服务提供商相关信息（可用能力、服务时间、服务成本等），负责从港口服务供应链的整体效益最优角度进行任务分配，将内陆运输企业、货运代理、船公司、装卸公司、海关、海事、检验检疫及金融服务等各类物流服务企业和客户有效整合为一体，实现资源的优化配置。

由于资源的短期不可获得性，港口服务供应链任务分配属于能力分配。港口服务供应链任务分配过程是在一个任务分配期内存在多项任务，在任务分解后形成的任务网络结构图已知的情况下，港口作为盟主企业从众多潜在的物流服务提供商（假设潜在物流服务提供商已经确定）中选择合适的物流服务提供商以完成港口服务供应链任务的过程。从港口企业的角度来看，港口企业处于供应链中的核心地位，为了满足客户的市场需求，港口企业根据物流任务的性质，包括装卸、加工、运输、仓储、报关、配送，甚至金融、商业服务等企业所提供的服务时间、服务成本等信息，将物流任务合理地分配给可选物流服务提供商（多个物流服务提供商同时具有承担某项任务的能力），在满足客户需求的前提下，充分利用分散于港口服务供应链上物流服务提供商的物流资源，进行资源的优化配置，以顺利完成物流任务，并使整个任务执行中的物流最优传递，从而达到服务成本减少与物流时间缩短，实现整体利益最大化。从物流服务提供商的角度来看，在有能力完成任务的条件下，可考虑是否接受港口企业分配的任务。物流服务提供商作为一个理性个体，寻求自身利益最大化，其加入港口服务供应链是为了提升自身竞争力，进而获得更多的利益。

（二）港口服务供应链任务分配影响因素

在供应链管理理念下，港口服务供应链上的物流服务提供商由竞争关系转变为竞合关系，在这种关系下，物流服务提供商之间通过签订相关协议实现长期合作，在一定程度上增加了港口服务供应链的稳定性。港口服务供应链上的各物流服务提供商通过信息共享提高了整条供应链的快速反应能力，增强了供应链的竞争能力，提高了物流服务提供商的利益，实现了港口服务供应链整体利益最大化。港口企业作为盟主企业，其自身同供应链上的物流服务提供商是长期战略合作关系，为了实现高效、持续、稳定的综合物流服务，维持港口服务供应链的稳定性，需提升物流服务提供商自身利益，实现港口服务供应链整体利益最大化。因此，对港口服务供应链任务分配进行分析时，必须综合考虑以下几个方面的内容。

1. 供应链组织模式

任务分配时应该考虑到供应链的组织模式。在传统的组织模式中，上层管理者依据全局利益分配任务，组织中的成员为了维护全局利益，被动地接受任务。在任务执行过程中，基于长远利益的考虑不会出现某个成员主动退出的情况，并且组织外的成员企业没有得到上层管理者的授权将无法参与到该组织，所以传统的组织模式是稳定的。要注意的是，港口服务供应链网络是跨越组织边界的，港口企业与物流服务提供商是通过签订相关合同关系建立起来的长期战略合作伙伴关系，不能保证物流服务提供商为了实现供应链整体利益最大化而牺牲个体利益最大化。

2. 信息共享

在港口服务供应链中，信息共享是指港口服务供应链上的物流服务提供商，将自身拥有的资源能力等相关信息按照相同的数据格式和存储方式在信息平台上共享。由于物流活动的复杂化、实时化、广泛化要求，进行有效的科学的物流管理对信息系统的应用就显得尤为重要。一体化物流管理需要实时掌握所需信息、需要实时监控重点环节、需要及时找到瓶颈环节，确保港口服务供应链中的各物流服务提供商能够在任务发布、任务分配及任务执行中的各个阶段，将正确的信息及时准确地传递给其他需要该信息的物流服务提供商或港口企业。

港口企业通过信息共享及时获取物流服务提供商的资源、可用能力，特定任务的服务时间、服务成本及收益，为任务选择合适的物流服务提供商。同时，在任务的执行过程进行监督，采用非强制性第三方协调机制进行冲突的协调。物流服务提供商通过信息共享向港口企业反馈信息，进行沟通协调，物流服务提供商之间通过信息共享了解上下游的信息，保证任务的顺利完成。

3. 物流服务提供商的功能

港口服务供应链任务是从物流服务提供商经过运输、装卸转运、流通加工、仓储、报关、海关海事、配送、金融服务等到达物流服务需求方的过程。物流服务提供商的功能直接关系到潜在物流服务提供商的选择。例如港口服务供应链中的运输任务（水运）只能由具备运输基础设备（船）及相关业务能力的物流服务提供商（船公司）执行，只具备包装或流通加工业务能力的物流服务提供商不具备执行此运输任务的功能，因此物流服务提供商的功能是影响任务分配的一个重要因素。

4. 物流服务提供商的服务时间和成本

对于同一项任务，不同物流服务提供商执行任务的时间和成本是不相同的。一般情况下，物流服务提供商的服务时间和成本是反相关的。在任务分配过程中，要根据客户对时间和成本的要求，选择合适的物流服务提供商。

5. 物流服务提供商的利益

鉴于港口服务供应链的不稳定性，港口企业对任务分配问题不是一次性的择优选择问题，因此在任务分配时要充分考虑物流服务提供商的利益。一般情况下，物流服务提供商的利益既包括物流服务提供商的直接经济价值的利润，又包括物流服务提供商在合作过程中产生的专利权、顾客满意度、营销渠道等无形资产。在港口企业将任务分配给物流服务提供商后，如果接受任务相比于单独运营得到更大的利益（有形利益和无形利益），基于个体理性选择，物流服务提供商会接受任务。同时在保证物流服务提供商自身利益增加的情况下不引起其他物流服务提供商利益的减少，保证港口服务供应链的稳定性，实现港口服务供应链整体利益最大化。

（三）港口服务供应链任务分配的特征

1. 分配任务的复杂相关性

在港口服务供应链中任务一般指的是从物流服务提供商经过运输、装卸转运、流通加工、仓储、报关、海关海事、配送、金融服务等到达物流服务需求商的过程。任务包含的物流功能较多，具有复杂性。任务的复杂性指的是任务不能直接由单个物流服务提供商独立完成，这些任务的分配一般需要先进行任务分解再由供应链中的物流服务提供商形成联盟来解决。同时任务间具有衔接性，只有在前序任务完成的基础上才能开始后续任务，任务之间是相互关联的。任务的相关性是指多个任务可能存在相互关联的性质，相关任务的实现一般需要物流服务提供商之间相互协调沟通共同完成。

2. 任务分配决策的多样性

供应链的运作模式一般区分为集中式和分布式两类，集中式运作意味着存在核心企业，其拥有供应链中所有的决策信息，负责从供应链的整体效益优化角度制定决策，并将决策方案通知给供应链中的各个物流服务提供商。分布式指的是供应链中的资源和信息都是分布的，供应链的运作决策由多个成员的共同参与完成，任务分配过程不是由单一决策者来决定，而是多个决策者参与共同协商决策。本文研究的港口服务供应链任务分配决策是：港口企业从整体效益最优的角度出发，依据任务的特性、需求及企业资源（能力），将任务分配物流服务提供商，实现港口服务供应链整体效益的最优。物流服务提供商在能力满足的条件下考虑是否接受任务，如果加入港口服务供应链获得利益不小于单独运作的机会利益则接受，最后形成最终的任务分配方案。

3. 任务分配的动态性

港口服务供应链任务分配的动态性指面对市场的变动及客户需求的变化，港口企业在任务分配中会出现新任务或者任务执行失败，任务分配不仅要考虑现有情况，还要考虑现有任务分配决策对未来的影响，在执行任务过程中，因外部环境或物流服务提供商自身资源能力导致无法完成任务，这时需要任务的再分配。

（四）港口服务供应链任务分配目标

港口服务供应链物流任务分配的目标主要表现在以下两个方面：

1. 港口服务供应链整体利益最大化

港口成为各种运输方式交汇的功能高效的综合性枢纽中心，加上高新技术在港口领域的全面应用，港口功能进一步完善成为重要的资源配置枢纽。由于港口服务供应链任务的复杂不确定性，港口企业主动联合其他物流服务提供商，协同运作，构建一体化、无缝隙的高效港口服务供应链网络，实现资源的优化配置，进而保证港口服务供应链整体利益最大化。

2. 物流服务提供商个体利益最大化

从物流服务提供商的角度来看，物流服务提供商作为一个理性个体，寻求自身利益最大化，其加入港口服务供应链是为了提升自身竞争力，进而获得更多的利益。若物流服务提供商参加联盟所得到的利益小于其单独运作的机会利益，则其没有参加联盟的必要性。利益既包括物流服务提供商直接经济价值的利润，又包括物流服务提供商在合作过程中产生的专利权、信誉、顾客满意度、营销渠道等无形资产。因此，港口服务供应链任务分配要考虑物流服务提供商个体利益最大化，进一步保证港口服务供应链的稳定性，促进任务的顺利完成。

（五）港口服务供应链任务分配原则

任务分配比较典型的原则有：主导性原则、完整性原则、独立性原则、匹配性原则、时序及特性原则及均匀性原则等，具体如下：

1. 主导性原则

港口服务供应链的运作模式是集中式的，港口企业作为核心企业在任务分配中起主导作用，故由港口企业（盟主企业）负责任务的分配、调度。

2. 完整性原则

任务的完整性可以是任务功能意义上的完整，也可以是任务内容意义上的完整。它要求不能遗漏原任务中的任何必要组成部分，任务的完整性是保证任务完成的前提。

3. 独立性原则

任务独立性是指一个任务可以不依赖于其他任务而单独交给某个成员企业执行的性质。在进行任务分配的过程中，任务间可能包含串行关系、并行关系，但是任务之间是相互独立的，每项任务都可由单独的企业承担执行。

4. 匹配性原则

匹配性原则简而言之是指合适的粒度，所谓粒度指的是完成任务所需的资源、核心能力。而合适的粒度是指分解后的任务应该能与企业的执行能力相匹配，这样才能保证任务的顺利完成。

5. 时序及特性原则

任务分解后的任务之间具有明显的时序性，因此可以形成一个网状型的任务流程结构。只有当某个任务的所有前序任务都完成时，才能执行这个任务。因此，在进行任务分配时，要充分考虑任务特性以及任务分解结构中任务间的关联特性。这样才能针对具体的任务分解结构及任务间的关联性，对成员企业进行评价，进而选出科学合理高效的最优组合方案，实现联盟组织任务总体的最优化。

6. 均匀性原则

均匀性原则是实现整体最优的一个前提条件，均匀性原则也称为均衡性原则，是指分解后的各个任务的大小、规模和难易程度尽量均匀，避免某项任务的执行时间太长而影响系统的整体执行效率。均匀性原则考虑的是为了更好地提高组织运营的整体效率，是实现全局整体最优的有力保证。

七、港口服务供应链任务分配模型构建

（一）港口服务供应链任务分配模型构建思路

由于资源在短期内不可获得，故港口服务供应链任务分配问题是能力约束条件下的跨组织边界的组合优化问题。为了满足客户的需求，实现资源的优化配置，既要实现港口服务供应链整体利益最大化，同时又要实现物流服务提供商自身利益最大化。

从港口企业的角度来看，为了实现整体利益最大化，港口企业为任务选择合适的物流服务提供商。从物流服务提供商的角度来看，在其能力满足条件下，考虑是否接受港口企业分配的任务，如果承担任务能够使自身利益相比于不承担时的利益增加，则接受任务，在接受的基础上安排任务的执行顺序。在港口企业进行供应链任务分配时，要考虑港口服务供应链运营过程中的稳定性。港口服务供应链在任务分配过程中，不仅包括港口企业如何选择潜在物流服务提供商，同时考虑潜在物流服务提供商是否愿意加入及参与港口服务供应链哪些任务等方面。基于资源的短期不可获得性，为了满足市场多变需求，保证港口服务供应链运营的稳定性，需要建立能力约束条件下以利益最大化为目标的港口服务供应链任务分配模型。该模型不仅需要保证港口服务供应链的全局利益最大化，而且使得物流服务提供商自身利益最大化，在提高企业竞争力的同时，实现港口服务供应链"共赢"局面。通过上述分析，港口服务供应链任务分配的目标定为：港口服务供应链利益最大化、物流服务提供商利益最大化。港口服务供应链任务分配的影响因素有：物流服务提供商时间、物流服务提供商成本、物流服务提供商可用能力、物流服务提供商收益。约束条件：任务的时序性约束、物流服务提供商是否愿意接受任务（自身利益角度）、物流服务提供商的能力约束（可用服务时间）。

从能力分配角度来看，客户将物流任务委于港口物流服务供应链后，

港口需要根据物流任务的性质，各物流服务供应商的运营状况，将物流任务合理地分配给各物流服务供应商，在满足客户需求的前提下，减少服务成本，增加收益，同时要保证物流服务供应商的满意度，以维持物流服务供应链的稳定性。港口物流服务供应链中，港口作为核心企业在任务分配中起着主导作用，港口企业根据各个物流服务供应商包括装卸、加工、运输、仓储、报关、配送，甚至金融、商业服务等企业所提供的服务有效时间、服务效率、服务质量等信息进行物流服务任务的分配。为了增大自身的利益，有些物流服务供应商可能会向港口提供虚假的服务信息，例如夸大自己的服务效率和服务质量，这样会导致物流任务分配的不合理，导致其他物流服务供应商满意度下降，降低供应链的稳定性，同时承担过多的物流任务，可能导致较低的服务质量，造成客户的不满。因此，研究物流服务供应商提供的信息的可靠性对港口物流服务链的优化有较大的影响。

（二）港口服务供应链任务分配模型构建中若干关键问题

1. 供应链决策问题

在供应链的传统问题中，博弈论主要用于解决单阶段或两阶段供应链的上下游企业间存在的决策博弈。Parlar（1998）分析了单阶段，两个零售商出售同质可替代产品进行订货决策以使各自利润最大化的问题；Cachon（1999）研究了两阶段情况下，一个供应商与一个零售商的库存决策问题；Monahan（1984）针对数量折扣现象，研究了供货商和购买者在顺序决策情况下，供货商的最优折扣决策；Kohli 和 Park（1989）就供应链两阶段成员间基于数量折扣的合作问题进行了探讨；随着市场竞争的加剧，企业需要在控制成本的前提下提供令顾客满意的服务和产品；Gans（2002）研究了 M 个供应商之间的服务质量竞争问题；Cohen 和 Whang（1997）研究了售后服务质量决策问题。最近十几年来，随着供应链问题研究的深入，多决策博弈问题已受到重视，例如 Bem Stein 和 Federgruen（2005）研究了两阶段下，单个供应商和 N 个零售商在库存和产量/定价联合决策下的零售商利润最大化问题。Brandenburger 和 Stuart（1996）建立三边指派博弈模型：供应商—公司—购买者，但是该模型不一定存在非空的核心解。我们需要在三边指派模型的基础上根据联盟企业合作的特点，建立一个动态联盟供应链优化调整模型，并通过博弈核心解的每条供应链组合形成了动态联盟企业供应链最优设置，在这样的设置下联盟的整体收益也得到优化。

2. 供应链均衡问题

随着成员的增加，供应链结构趋于复杂化，逐渐发展成为网络结构，越来越多的学者对供应链网络均衡问题研究开始增多。Nagumey（2002）建立了制造商、零售商和市场组成满足所有决策者的优化条件的网络均衡模型。Dong 在 Nagumey（2005）的研究基础上，以制造商、零售商和市场三方各自追求利益最大化为最终目标，对产品随机需求进行研究，建立网络均衡模型。张铁柱（2005）研究了在需求确定情况下的多产品供应链网络均衡模型。藤春贤（2007）研究了多产品随机需求的供应链网络均衡模型。从以上文献可以看出，目前还在基于静态博弈的研究阶段，实际过程中企业之间的博弈随着时间的变化而变化，动态博弈贯穿着整个博弈的过程，如何解决供应链企业间的动态博弈是研究的重点。

3. 供应链能力及利益分配问题

张贵磊（2006）考虑了由一个供应商和零售商组成的二级供应链，建立了供应链和零售商的 Stackelberg 利润分配博弈模型，并引入收入共享契约作为利润再分配的手段，分别分析了供应链主导型和零售商主导型供应链的利润分配均衡。研究表明，主导企业可以运用权力使得从属地位的企业只能获得保留利润，而自己获得供应链所有的剩余利润，并且主导企业制定的利润分配参数能够使供应链达到最优利润水平。然而，如果主导企业放弃强制权力，不仅自身的利润受损，供应链整体也将低效运作。张旭梅（2006）针对供应商提供的交货期、质量和价格等数据，在供应商评价过程中，建立了不完全信息动态博弈模型，通过核对供应商提供数据的真实性，研究了供应商的订单分配问题。Henk 等（2001）利用进化博弈论仿真模型，研究了在合作伙伴选择中，由于利己主义的存在，互惠主义能不能存在并长期维持的问题。邵晓峰等（2001）研究了供应链中供需双方的合作批量模型，以及基于合作博弈的 JIT 模型，对供需双方的利益分配问题进行了详细研究。狄卫民针对网状供应链结构，建立了动态联盟供应链生产任务分配的整数规划模型。同时，结合指派博弈理论证实了基于上述模型的联盟博弈核心的存在性，这说明通过上述模型得到的分配方案能够最大化动态联盟的整体收益，从而可以促进动态联盟供应链的正常生产。另外，为便于供应链的统筹规划，提出了当量产品概率。林旭东（2004）结合 Nash 均衡的必要条件，供应链吸纳新成员的博弈分析中，建立了一个支付博弈矩阵，选择最优企业。陈彦如（2002）将博弈论应用于供应链关系模式研究，建立了基于供应链的港口物流服务若干关键问题研究模型，并对模型进行了求解，为供应链管理提供了新的研究思路。

4. 供应链供需关系

张文杰（2002）认为企业间的合作是供应链正常运行的前提和基础，它是建立在信息不完全的条件下理性博弈的基础之上。李世新（2003）总结了当前供应链企业合作问题研究中存在的不足和局限，考虑了合作双方协商破裂的可能性，建立了讨价还价企业合作博弈模型。陈玉花（2004）分析了重复博弈的过程，证明了只要供应链企业双方均以长期利润为目标，建立长期合作关系才是最优化。王永平（2004）采用演化博弈理论，分析了企业合作竞争机制的动态过程，建立了供应链企业合作博弈数理模型，得出合作的初始成本、收益以及贴现因子是影响供应链企业合作竞争机制演化的关键因素。周勇（2003）指出信任是供应链中企业关系的关键组成部分：参与方信任和控制信任。它们互动构成供应链存在的基础。尽管信任在供应链中的作用已经被广泛认识，但缺乏动态方法的研究。利用两阶段和无期限重复博弈模型研究可以更清楚地看出，参与方信任和控制信任共同作用，减少了供应商的道德风险。

5. 供应链企业信息共享

施华飞（2003）针对供应链管理中存在的牛鞭效应和顾客价值问题，分析了不对称信息博弈中信号博弈等理论，阐述了牛鞭效应和顾客价值的产生机理和规避方法，提出了顾客价值影响供应链中均衡的道德风险问题的解决方法。孙洪杰、廖成林（2003）分析了机制设计和分段激励机制造成的信息失真博弈，探讨了分销商存在欺骗性的原因，并利用囚徒困境模型分析了供应链之间信息共享不畅的不合理性。孙洪杰（2003）论述了牛鞭效应和信息失真问题，针对供应链中的生产商和分销商，分析讨论了为防止信息失真现象发生而实行的目标激励机制，以促使经销商及时反馈真实信息，实现双方激励的相容。

第六章　港口物流服务供应商选择

关于港口物流服务供应商选择的问题研究，是建立、完善合作机制的重要保障和必要前提。供应商选择问题的核心是对物流服务供应商的评价问题，其实质是合作关系的决策问题。影响港口物流服务供应商选择的因素众多，常见的有服务水平、盈利能力、服务成本、企业形象等。港口企业在选择指标体系时，需要根据行业具体情况和不同侧重点，按照一定的基本原则，建立一套公正、公平、公开、合理、可行，又能全面反映问题的评估尺度的指标体系。

一、港口物流服务供应商选择的相关研究

供应商选择与优化问题是港口服务供应链构建的源头问题，服务供应链中的供应商选择问题又包括供应商数量优化决策问题、供应商评价问题和物流任务分配三个方面。

（一）供应商数量优化决策问题研究

供应商数量决定了港口服务供应链的结构形式、管理成本大小和面临供应风险的大小。关于此方面研究，相关学者从规模经济、供应风险和合作竞争等角度展开了研究，但主要侧重于产品供应链方面，尚未有学者将其研究放在港口物流服务供应商数量决策问题上。

李随成等（2004）运用规模经济理论，指出选择合作伙伴时应考虑其数量限制问题，并通过对供应商和制造商的关联度分析，结合九方格理论分析了不同原材料的供应商选择和优化的方法。刘冬林和王春香（2006）在其研究中首先分析了企业所面临的不确定性环境以及可能存在的各种风险，以效用值和概率为变量，从效用值和风险均衡的角度出发，构建了基于风险和不确定环境下供应商数量优化方法的决策树模型，并通过数值模拟分析了采购方选择的最佳供应商数量随参数变化的规律。张春明和张彤（2007）通过引入合作竞争系数，结合生态学中的关于两类种群具有下临界点的原始协作系统模型研究合作竞争下的最优供应商数量。商学娜和郑建国（2008），构建了一个基于风险防范的供应商数量优化模型，以制造商采购原材料的采购总成本最小为目标。模型分析了影响采购总成本的因素，通过引入风险规避系数，定量化供应商的供应风险，分析了风险规避系数、供应中断概率以及中断损失等因素对最优供应商数量的影响。王丹（2008）在对供应中断风险进行量化的基础上，以供应中断风险大小和供应商管理成本大小之间的"权衡"系作为决策的准则，构建了最佳供应商数目的决策模型，并对相关参数进行了敏感性分析，得出了不同情况下决定供应商数目的最重要因素。蒋琦玮（2011）在考虑控制企业供应风险及成本的前提下，提出一种能有效确定企业最佳供应商数量的风险分析方法，模型中综合考虑了供应商缺货损失、供应商管理成本和各类风险事件发生的概率。

（二）港口服务供应链供应商评价与选择问题

1966 年 Dickson 首次系统地研究了供应商选择问题，之后国内外大量学者对供应商管理问题进行了广泛、深入的研究，主要侧重在两方面：评价指标体系的研究和评价方法的研究，也有部分学者对港口物流服务供应商选择的指标体系和评价方法进行了研究。

1. 评价指标体系的研究现状

现有供应商评价指标体系主要可分为两类：一类是专门性的指标体系，该类指标是针对某些特定的环境或企业建立起来的指标体系，另一类是综合性指标体系，包含的指标相对全面，范围较大，对一般企业具有借鉴作用，但针对性不强。对于专门性指标体系，有两篇文章被誉为供应商评价指标体系最经典的文献，其中一篇较为系统、全面地阐述了供应商评价方面的研究成果，重点阐述了供应商选择中最重要的评价指标是价格、准时送货和质量，其次是生产装备、技术能力、地理位置、管理与组织能力等问题。Elm（1990）指出在进行供应商选择时，不仅需要考虑成本、品质、交货期等一般化的指标，而且还需要将管理相容性、目标一致性、供应商的战略方向性等软性指标准则纳入。Ya Illya（1999）通过运用层次分析法（AHP），调查了16位有经验的经理人，得到供应商的评价指标体系以及相应的权重，其构建的评价指标体系与 Dickson 的评价准则基本相同。湛述勇和陈荣秋（1998）运用对比的方法，比较了我国汽车工业现状下与 JIT 环境下制造商和供应商之间的关系差异，提出供应商的评价指标应该包括价格、质量、品种、交货期、批量柔性等因素。马士华（2000）等人通过构建集成化供应链管理的理论模型，论述供应链管理的起源、发展和具体的运作方法，调查研究了我国企业选择供应商的标准。朱道立（2000）等人深入地讨论了集成化管理软件 ERP 的供应商选择问题，指出 ERP 供应商选择的评价指标包括技术特征、费用、供应商的特征和用户服务四项指标。

在物流服务供应商的评价方面，许多学者围绕第三方物流服务商进行了评价指标体系的研究。Mellon, M. K. 和 McGinllis, M. A.（1998）等运用实证的方法，提出了第三方物流服务商选择的评价指标体系应该包括价格、交货准时性、管理水平、企业信誉、财务状况、履约能力以及对不可预见事件的反应等七项指标。Muralldhar 和 Ananmaraman（2001）等人提出了质量、准时交货、技术设施三项评价指标来研究供应链环境下的供应商选择与评价问题。德博拉（2002）指出第三方物流服务商的选择应考虑顾客服务、装运成本、赢利能力、获得自动帮助等四方面。Ackenll（2003）提出了选择第三方物流服务供应商的战略方向、网络覆盖率、订单处理能力、库存管理与控制能力、财务状况、增值服务能力、预测能力、货物提示跟踪能力、信息交互和采集能力等在内的十四个评价标准。国内，马雪芬（2003）指出第三方物流服务供应商的选择与评价包括四个方面，即企业的物流技术、服务质量、设备状况以及发展潜力。田宇（2003）构建了物流服务供应商竞争力分析指标体系包括价格、质量和顾客服务等三个标准。张赫等（2004）研究了运输服务供应链上的供应商选择，从物流成本、物流能力、企业信誉和服务质量四个方面进行分析。闫秀霞（2005）在其研究中首先分析了物流服务供应链模式的特性，然后从运行域、层次域、构成域三个层面提出了物流服务供应链模式的评价指标体系。胡中华（2005）在对安捷伦科技有限公司进行实地调查后，指出选择物流服务供应商的评价指标体系主要包括技术、质量、交货、成本和环境四个方面。

2. 评价方法的研究现状

到目前为止，关于供应商选择方面的研究已经形成了较为成熟的理论和方法。其整个发展过程基本可以划分为三个阶段：定性方法、定量方法、定性与定量相结合的方法。早期的供应商选择由于缺少科学依据而主要采用定性方法，往往根据经验和与供应商的关系进行主观判断。而实际上，关于供应商选择的问题是一个复杂的多目标决策，关于其定量方面的研究，主要有单一多目标决策方法和综合多目标决策方法两种。其中前者是人们研究较早、较为成熟的方法，主要有 AHP 法、DEA 法、数学规划法、模糊集方法、基于推理的网络分析法、SMART 法和遗传算法等，这些方法各有优缺，只是在评价原理、过程以及复杂程度上略有不同，但其评价目的是一致的。综合多目标决策方法则是为了提高决策的可靠性和效率，通常根据单一多目标评价法的优缺点，将多种方法结合起来扬长避短，形成一种较为可靠的多目标决策方法。常用的综合多目标决策方法主要是上述两种单一评价方法的结合，主要有综合 AHP 法、综合模糊集方法、综合网络分析法、综合 DEA 方法等。田宇（2003）综合运用 AHP 和 LP 方法，并结合算例探讨了多源供应商选择以及最优采购量分配的问题。张赫（2005）提出了一种 DEA－AHP 评价模型即基于层次分析法的带偏好的数据包络分析法，来解决第三方物流企业的供应商评价问题。张德海（2009）等在分析物流服务集成的群体决策流程的基础上，构建了物流服务集成商的评估指标体系，并提出一种基于层次分析法和多目标规划模型的群体决策方法。丁蕊（2010）运用一种改进的 DEA 评价模型对物流服务供应商的选择进行了方案优选。虽然各个文献的评价方法不同，但其评价目的和原则是一致的。

在港口物流服务供应商选择方面，黄琦炜、江孝感（2008）通过采用多目标规划的方法对港口物流的服务供应商进行评价，同时采用主观赋权法对其各项指标进行综合评定，从而确定在适当情况下选择最合适的供应商的组合，提高港口物流的效率。赵娜等（2009）提出用层次分析法

（AHP）和数据包络法（DEA）相结合的方法，对港口供应链合作伙伴进行选择，并通过应用算例给出了解决该问题的具体解法，该方法有利于正确做出港口供应链合作伙伴选择，保证港口供应链的成功运作。到目前为止，关于供应商选择的研究，在评价准则上正向多样化、全面化和系统化发展，评价方法上已经形成了一定的体系，研究的背景也由全面笼统向具体化、特性化发展，可以说已经取得了很多实质性的进展。但是通过分析可见，其存在两方面的局限：一是应用于港口物流服务供应商选择的理论与模型、指标体系比较少；二是供应商选择过程往往忽视了风险因素，选取的评价指标也比较主观，忽视客观存在的不确定性等因素，与实际情况背道而驰。

二、港口物流服务供应商的涵义、类型与功能

功能型港口物流服务供应商是港口服务供应链中直接面临货主、船公司等客户的关键性成员，因此，港口物流服务供应商的选择与优化十分重要，在对其进行选择与优化前，必须先界定清港口物流服务供应商的涵义、类型与功能。

（一）港口物流服务供应商的界定

本文提及的港口物流服务供应商并非一般意义上的物流服务提供商，而是指在港口服务供应链中为供应链核心企业港口提供物流服务的供应商，也就是功能型物流服务提供商，这里包括提供运输、仓储、加工和配送等物流服务的所有供应商，它们在港口服务供应链中作为港口企业的上游服务供应商，提供基于自身核心优势的物流服务，并且与港口企业建立了长期的战略合作关系。港口物流服务供应商与港口之间的这种长期合作的战略伙伴关系也是区别于一般的供应商最根本的特征。

（二）港口物流服务供应商的类型

港口服务供应链是一种能力合作型的服务供应链，它是以港口为核心企业，集合其他各种类型的港口物流服务供应商的供应链。按照不同的划分标准，港口物流服务供应商又可以划分为几种不同的类型，一般而言，通常有按照服务种类划分和服务功能划分两种方式。

按照港口物流服务供应商的种类划分，功能型港口物流服务供应商可

以划分为单一型港口物流服务供应商和复合型港口物流服务供应商。单一型港口物流服务供应商是指仅提供单一物流服务能力的服务供应商，如仅提供单一服务能力的仓储商；复合型港口物流服务供应商是指同时提供多种物流服务能力的服务供应商，如第三方综合型物流企业，不仅提供运输服务能力，同时也可以提供仓储、配送、加工等多种服务能力。单一型港口物流服务供应商通常专注于单一的服务能力，在某一能力方面具有较大的优势，而复合型港口物流服务供应商则通常拥有综合性服务实力，但往往在发展多种服务能力的同时而忽略了核心竞争力。

按照港口物流服务供应商的功能划分，功能型港口物流服务供应商可以划分为运输企业、仓储企业、装卸企业、包装企业等，这种方式划分的港口物流服务供应商可以是单一功能型的服务供应商，也可以是复合型的服务供应商。无论是何种港口物流服务，它们都是一方面依赖港口业务，另一方面却又各自独立，有各自的经营目标。

（三）港口物流服务供应商的功能

港口服务供应链是以系统集成化和协同化为指导思想，以信息技术为手段建立起来的一种战略合作伙伴关系，来实现从供应链的源头到终点的物流、信息流、服务流的顺畅流动。港口物流服务供应商作为港口服务供应链的核心成员，在整个港口服务供应链运作中实现着运输、仓储、装卸加工、信息处理等基本功能和国际配送等多种增值服务。因此，港口物流服务供应商应该实现以下基本功能：

1. 运输功能

运输作为港口物流的首要功能主要指的是对进出口货物的集疏运，以及各种运输方式之间的转换和衔接。包括内陆运输（铁路运输、公路运输）和海运运输，这是港口服务供应链最基本的物流活动，也是整个港口服务供应链实现货物时间和空间转移所必须拥有的基础性物流服务，因此，港口物流服务供应商必须包含具有运输功能的服务型供应商。

2. 仓储功能

仓储功能主要是实现各种运输方式转运过程中的暂存以及对各种物资、进出口货物的后勤储存及管理，包括港口内的储存和其他仓储上的储存活动。储存功能对于港口服务供应链具有缓冲和调节的功能，起着创造增值服务的效用，也是港口物流服务供应商必须具备的物流服务功能。

3. 装卸搬运功能

装卸搬运是指利用专业化的装载、卸载、提升、运送、码垛等机械，实现对货物高效率、低损毁的装卸搬运。装卸功能是实现货物在不同节点间转移和有效衔接必需的物流功能，同时实现货物在港区内的进出港作用。

4. 包装加工功能

港口物流服务供应商或港口企业自身利用其集散转运中心的地位，为了保护产品、方便储存、促进销售、对货物进行相应的包装，开展贴标签、刷标识、拆分、组装等简单的流通加工业务，也是港口服务供应链的基本物流功能。

5. 配送功能

港口物流服务供应商通过构建区域配送系统或跨区域配送系统，提供覆盖较广区域的物流配送服务，从而为货主等客户提供门到门、一体化的物流服务。

6. 信息处理

港口或港口物流服务供应商利用自身强大的信息网络，为货主提供相应的货物跟踪、市场决策信息。一般而言，港口服务供应链的信息处理能力决定了整个供应链的物流作业运作效率。港口物流服务供应商除了提供以上一些基础性的物流服务外，还需要为货主等客户提供国际配送、转口贸易、报关商检等增值性物流服务。

三、港口物流服务供应商的选择与优化

功能型港口物流服务供应商（运输商、仓储商、加工商等）作为整个港口服务供应链的主要成员，其选择和优化是整个港口服务供应链构建的源头问题，其服务质量直接决定了整个港口服务供应链的服务质量，同时，其服务的可靠性和稳定性，可以降低整个港口服务供应链的风险。因此，选择优秀的港口物流服务供应商对整个港口服务供应链有着积极的作用。然而，实际中由于港口物流服务供应商与港口企业往往追求各自最大的利益，而导致利益的冲突。因此，港口企业作为供应链核心企业，有必

要对这些港口物流服务供应商进行合理的选择和优化，实现系统管理，以建立良好的供应商关系，从而实现合作共赢。具体而言，港口服务供应链中的港口物流服务供应商选择包括计划阶段、初步选择阶段和最终选择阶段三个步骤，主要内容如下：

（一）计划阶段

计划阶段的主要工作是港口首先需要根据港口服务供应链的目标来确定所需的港口物流服务供应商的服务类型，然后通过适当的渠道、采用适当的方法，进行详细的港口物流服务供应商资料调查，了解供应商的信息。包括港口物流服务供应商的基本物流设备条件、基本物流资源状况、物流能力、人员水平、管理制度等多个方面。

（二）初选阶段

初选阶段的主要工作是港口根据计划阶段确定的港口物流服务类型，初步确定供应商数量和供应商的初步评价。在广泛收集潜在港口物流服务供应商资料的基础上，确定同种类型的港口物流服务供应商的数量，对不同类型的港口物流服务供应商建立评价指标体系，选择合适的评价方法进行供应商的初选，将绩效较高的港口物流服务供应商作为合作伙伴纳入备选供应商资料库。

（三）终选阶段

终选阶段的主要工作是在港口服务供应链运作过程中，完成港口物流服务供应商的任务分配工作。在实际的港口物流服务项目的运作过程，要求功能型港口物流服务供应商与港口企业之间相互协调配合，准确高效地响应快速变化的客户（船公司、货主等）需求，采用最适合的港口服务供应链结构，给最适合的港口物流服务供应商合作伙伴分配最合理的任务量，并根据港口物流服务供应商的绩效表现不断更新供应商资料库。

四、港口物流服务供应商选择的关键因素

依据对港口物流服务供应商选择的相关分析，基于对其目标和原则的讨论，本文认为港口服务供应链风险视角下的港口物流服务供应商选择问题关键在于设计一套系统、科学的港口物流服务供应商选择与优化流程，并将风险因素纳入，以降低港口物流服务的系统风险，从而提高整个港口服务供应链的竞争力。就港口企业而言，其港口物流服务供应商选择与优化的关键是解决以下几个方面问题，从而实现港口服务供应链设计的源头问题，并达到满足货主需求和扩大货源，增强港口服务供应链的整体竞争力的目的。

（1）港口服务供应链有哪些风险因素？对港口物流服务供应商的选择与优化有何影响？

（2）如何设计港口物流服务供应商选择与优化流程，并同时考虑港口服务供应链中关键风险的影响？

（3）如何确定合理的港口物流服务供应商数量？

（4）如何评价和初选合适的港口物流服务供应商？

（5）面临多港口物流服务供应商时，港口如何将货主的需求任务进行合理分配，实现港口物流服务供应商的最终选择？

五、港口物流服务供应商的选择

在供应链环境下，港口企业与上游的物流服务供应商之间开始向能力合作与协调，共同解决问题的方向发展，强调彼此间的信任与合作，港口服务供应链的供应商关系与传统意义上的供应商关系有着本质的区别。港口服务供应链中的供应商选择须遵循以下几个标准：

1. 服务种类的匹配性

由于港口服务供应链中涉及的物流服务种类包括运输、仓储、加工、装卸、信息处理等多种物流服务，无论是复合型港口物流服务供应商、单一型服务供应商，提供的物流服务首先必须与港口所需的服务需求种类相匹配。

2. 服务质量良好性

服务质量是保证货主等客户满意度最重要的标准，港口物流服务供应商在物流任务执行中经常会发生各种风险事故造成货损货差等现象，因此，港口在选择服务供应商时应重点考察供应商过去发生服务质量的风险事件和风险损失情况，保证所选择的港口物流服务供应商服务质量的良好性。

3. 服务效率敏捷性

快速响应是现代供应链管理思想理念，体现了供应链中各环节和各成员的紧密合作和衔接，同样也适用于港口服务供应链，港口所选择的供应商必须在接到订单后，提供快速、敏捷化的物流服务，才能适应现代港口物流管理发展趋势的要求。

六、物流服务提供商的选择评价

由于港口物流服务供应链需要提供的是一体化、门到门、架到架的完善的物流服务网络体系，包括运输、仓储、装卸搬运、配送、信息服务、转驳、拖带等。港口自身不能独立完成整个服务体系的运作。因此，港口需要与上游物流服务提供商建立起战略合作伙伴关系。这种合作伙伴关系是建立在相互信任、相互补充、信息共享、风险共担、利益共享的基础之上，通过多方的努力实现无缝链接、协调工作，从而提高整个物流服务供应链的竞争力，为客户创造更高的价值。同时，物流服务提供商的选择评价又是合作伙伴关系建立的前提和关键步骤之一。合理地选择物流服务提供商不仅可以实现整条供应链的良性、高效率、低成本运作，而且可以帮助港口提高物流管理与运作能力。另外，港口也需要根据市场变化情况和港口发展状况，在合作过程中不断评估、跟踪和调整物流服务提供商。由于物流服务供应链不同于产品供应链，因此，港口选择评价物流服务提供商的原则和方法也有自己的特点。

（一）港口选择评价物流服务提供商的原则

港口选择评价物流服务提供商是一个复杂多变的过程。由于功能型物流服务提供商的类型很多，包括仓储企业、运输企业、流通加工企业，甚至是拥有几个组合物流功能的企业，同时，港口物流服务需求也在不断变化，这些都增加了港口选择评价合适的物流服务提供商的难度。港口在选择评价过程中应该遵守如下一些原则：

1. 以客户需求为中心

无论是企业还是供应链，都是为客户服务的。通过服务实现自身的价值获取利润。由于客户需求往往是多变的，港口在选择评价服务提供商时要以客户需求为中心。选择具备快速市场响应能力以及能够针对客户提供个性化服务的物流服务提供商，从而提高整个供应链的柔性、敏捷性和响应性。

2. 分类选择

港口应该对可供选择的物流服务提供商进行正确地分类。由于港口物流提供的服务涵盖范围广同时具有多样性的特点，因此，港口应该将同类型或相同服务性质的物流服务提供商分类，在同一类的物流服务提供商中进行比较评价。另外，港口还需要确定与每类服务提供商建立的合作关系紧密程度。对于需要长期合作的服务提供商，在其选择上要更加谨慎、严格。

3. 匹配性

港口物流服务提供商有不同类型，包括只提供单一物流功能的服务提供商，也包括提供组合物流服务的提供商，港口应结合自身发展战略和业务特点，选择具有较好匹配度的物流服务提供商。

4. 持续性

选择评价物流服务提供商不仅包括最开始的选择过程，还包括合作过程中的持续评价过程，通过跟踪、考核，及时调整物流服务提供商，同时加强对现有物流服务提供商的管理。

（二）港口物流服务提供商评价指标体系

目前专门针对港口企业选择评价物流服务提供商的研究较少，对物流服务提供商选择评价的研究主要还是集中在第三方物流企业的选择评价上。港口可以参考已有的对第三方物流企业的选择评价，来确定物流服务供应链构建过程中的物流服务提供商。在评价指标体系的选择上，现有研究主要存在以下一些问题：一是，很多指标体系的选择仍然停留在传统供需管理模式下，仅仅重视对物流提供商业务能力的评价，例如仅从质量、交货期、成本等方面选择评价物流服务提供商。这些指标不能全面地反映在供应链管理模式下对物流服务提供商的要求，无法适应全球经济下动态、合作、竞争的市场环境，无法实现对信息共享、风险共担的战略性合作伙伴的选择。二是，很多评价指标体系中，缺乏对物流服务提供商信息化程度的评价。在网络经济时代，供应链的响应速度、柔性化程度都与信息密不可分。对物流服务提供商信息化建设成熟度的评价是保证合作成功、稳定的重要前提。三是，很多评价指标的选择缺乏对物流服务提供商未来发展能力的考察，仅仅关注于物流服务提供商当前的状况。由于港口企业与上游物流服务提供商之间建立的是一种长期持续稳定的战略合作伙伴关系，因此，对物流服务提供商发展能力的评价不可忽视，这将影响到整个物流服务供应链的稳定良性运作。因此，港口在选择评价物流服务提供商时需要站在整个物流服务供应链的角度，不仅考察物流服务提供商的业务能力，还要看重物流服务提供商与上下游成员之间合作与协调的能力、信息化建设程度以及未来的发展能力。

（三）综合评价指标的设立原则

港口在建立评价物流服务提供商的指标体系时，应该注意以下一些原则：①简明性原则。指标体系的设计尽量简化，并突出重点，使体系在实践中易于操作。②灵活性原则。综合评价指标体系应该具有足够的灵活性，以便港口能根据自己的特点及实际情况，对指标加以调整。③独立性原则。综合评价指标体系中的各层次上的评价指标之间不能有包含关系，对有些相关关系的指标也应该在处理方法上尽可能弱化或消除。④科学性原则。综合评价指标体系应该准确反映实际情况，以便港口能够对物流服务提供商进行客观公正且全面地评价。⑤通用性原则。建立的综合评价指标体系应该反映港口各类服务提供商的共性，以便简化评价程序。

（四）综合评价指标体系的建立

本文在总结现有评价选择指标体系的基础上，结合港口物流服务供应链的特点，建立综合评价指标体系，希望这套综合评价指标体系，能弥补现有评价指标系统的不足，较为全面地反映港口在选择评价物流服务提供商时需要考虑的内容。

1. 服务成本

在传统供应链中，价格即企业选择供应商应付出的成本，它往往是企业选择评价供应商的重要指标。同时，通过对研究文献的统计，可以发现价格具有非常重要的作用。当然，在服务供应链领域，价格也是不可忽视的重要指标。较低的服务成本是港口选择物流服务提供商的基本评价标准。港口通过对服务成本的有效控制，可以全面提升整个服务供应链的竞争力，从而吸引以低成本为目标的客户。对物流服务提供商服务成本的考察，主要包括以下两个方面：一是运作成本，运作成本是指港口使用外部物流服务提供商进行物流作业过程中，向该物流服务提供商所支付的费用，即物流服务提供商提供服务的价格。运作成本包括运输费用、仓储费用、装卸搬运费用、分拣费用、包装费用等基本费用以及物流服务提供商所获得的利润的分摊值。组合物流服务的提供商可能发生上述几项费用的组合，单一物流服务提供商则只有单一费用。运作成本是二个可以定量化的指标，港口可以根据所掌握的相关信息计算获得。二是衔接成本，衔接成本是指货主的物资在不同物流服务提供商之间传递过程中所耗费的费用，包括交接过程中的通讯费、协调费等。衔接成本可以从一方面反映出各个物流服务提供商之间的协作性，也是港口在选择物流服务提供商时应该评价的指标。

2. 物流实力

物流服务提供商的物流实力也是港口在选择评价时十分看重的指标。拥有强大的物流实力是其提供高品质、低价格服务的保障。这里主要选取两个具有代表性的指标来反映物流服务提供商的物流实力。一是物流设施设备即物流服务提供商所拥有的设施设备，包括车辆、自动化仓库、装卸搬运机械、包装设备等。对于不同的物流服务提供商来说，其衡量的设施设备有所不同，不具有可比性。因此，可以用各企业的资产净值来表示。二是物流技术水平，物流技术的应用是衡量物流服务提供商的一个重要指标，也是在过去经常被忽略的指标。港口与物流服务提供商之间的合作是建立在信任基础上的合作，需要合作双方一定程度的相互参与，实现信息共享。同时，对于整个物流服务供应链来说，整个链内各企业保持较高的信息透明度，实现整个供应链内各企业更快的响应度和反应能力。这些都需要先进的物流技术作为支持。企业应重点考察的物流技术包括管理信息系统、物流控制软件、物流网络建设、条码系统、自动分拣系统等。具体可以用物流服务提供商的年平均技术投入值来表示"n"。

物流技术水平＝物流技术总投入/投入总年数

3. 服务质量

服务质量是考察物流服务提供商执行能力与控制能力的重要指标，主要通过两个方面来进行衡量：一是物流服务提供商交付服务的准确性，二是物流服务提供商在提供服务过程中的完好率。具体指标如下：

一是作业准确率。港口希望各物流服务提供商提供的服务都是准确无误的，这样不仅可以减少合作的不愉快，也可以提高整个供应链的运作效率。作业准确率可以反映出物流服务提供商的经营管理水平，港口通过对作业准确率的考察可以衡量该物流服务提供商是否符合自身以及整个供应链对准确性的要求。

作业准确率=准确完成作业的物资量/作业的物资总量

二是作业完好率。港口物流服务供应链为货主提供服务过程中，保障货主物资的完好性是很重要的一个标准。但是货主的物资在运输、搬运、仓储等过程中，不可避免地会发生磕碰、挤压、变形等情况，从而导致物资的损坏。港口为了控制物资损坏情况，可以通过作业完好率这个指标来衡量物流服务提供商作业时对货主物资质量的保障水平，进而选择具有高物资保障能力的物流服务提供商。

作业完好率=作业完成时符合质量要求的物资量/作业的物资总量

4. 服务效率

服务效率是指物流服务提供商根据港口或者货主的要求交付服务的及时性。港口或者货主都希望物流服务提供商能够在规定时间内用尽可能短的时间完成任务。服务效率是衡量物流服务提供商作业绩效的一个基本指标，服务效率越高，整个供应链的效率也越高，货主的满意程度就越高。服务效率主要由两个指标来衡量。

一是作业响应率。物流服务提供商的作业响应率将影响整个港口物流服务供应链的响应度。港口希望物流服务提供商能够像港口内部的部门一样，及时响应作业计划，及时完成作业任务。作业响应率可以描述为物流服务提供商按时完成作业的业务量占企业在该阶段时间内所要求完成的作业量的比率。物流服务提供商的作业调度、作业设备等方面的能力就体现在这个指标里。

作业响应率=按时完成的作业量/需要完成的作业总量

二是作业速度。作业速度是衡量物流服务提供商作业水平的一个基本指标。货主都是希望货物能够以最快的速度运到目的地。因此，港口在选择评价物流服务提供商时需要考察其作业速度的快慢，这将影响到整个港口物流服务供应链的作业速度。作业速度根据作业对象、作业量的不同而变化，所以对该指标进行考察时，不仅要考虑平均作业速度，也应该考虑不同作业对象的作业速度。

5. 联盟性

联盟性是指物流服务提供商与港口以及与其他物流服务提供商之间和谐相处或合作沟通的能力。港口作为核心集成企业，需要集成整合各种物流服务提供商，而港口与各个物流服务提供商，以及各个物流服务提供商之间的沟通与合作会直接影响到整个港口物流服务供应链的运作效率和未来发展。本文认为联盟性主要可以考察以下三个方面：

一是规模港口。应该选择与自身规模发展步调一致的物流服务提供商，从而降低合作过程中的风险，同时控制提供商的讨价还价能力。因此，在选择物流服务提供商时需要考察其规模，这里主要指的是企业规模。

二是协同能力。协同能力是指物流服务提供商与港口以及其他物流服务提供商之间合作过程中协作的能力。货主的物资在不同物流服务提供商以及港口之间进行转移的时候，各个物流服务提供商的协同能力将影响转移的成本及效率。协同能力主要反映在物流服务提供商投入沟通协调的精力，协作的效率，信息沟通的准确及时等方面。

三是历史合作状况。包括物流服务提供商与本港口的历史合作状况以及与其他港口的合作情况。港口可以选择之前合作过的，也可以选择没有合作过的物流服务提供商。在选择时就需要通过历史合作状况来查看过去合作或者物流服务提供商与其他港口的合作情况，从而判断该物流服务提供商是否合适。历史合作状况的衡量可以用某一时间段内该物流服务提供商提供成功的物流服务次数与该时段内提供的物流服务的总次数之比来反映。

历史合作状况＝成功的物流服务次数/物流服务的总次数

6. 发展潜力

由于港口与物流服务提供商之间建立的是一种长期稳定的战略合作伙伴关系，因此，不能忽视对物流服务提供商发展潜力的评价，这将影响到整个物流服务供应链稳定良性的运作。物流服务提供商的发展潜力本文主要从以下三个方面考察：

一是企业文化。每个企业都具有自己的企业文化，包括企业内部建立的共同价值标准、道德标准和精神信念，这些可以形成企业的内聚力。企业文化作为企业的精神根基，可以决定企业的命运。因此，在考察物流服务提供商发展潜力时应该了解该公司的企业文化。另外，合作双方企业文化是否融合甚至会决定整个合作的成败。

二是管理水平。一个企业的管理水平可以反映企业利用资源、优化资源、完成任务、达成企业目标的能力。因此，物流服务提供商的管理水平将影响到其未来的发展状况。港口在选择时要重视对管理水平的考察。管理水平可以从战略管理、决策支持、科学管理、资源运用、市场营销等方面进行综合评价。

三是员工素质。一个企业的员工素质往往影响着整个企业的运作绩效，对提供物流服务的企业来说更是如此。拥有高素质、与企业价值观相符的员工可以帮助企业实现更快的发展。同时一个企业如果注重对员工的培训，这也会在企业未来发展中增加竞争优势。因此，在评估员工素质时可以考察学历构成、年人均培训费用等指标。

（五）提供商选择评价方法

在建立了合适的综合评价指标体系以后，就应该利用这些指标对物流服务提供商进行评价。目前对于评价方法的研究主要有两大类，一是定性分析，包括公开招标法、协商选择法、经验判断法等。二是定量分析，包括层次分析法、主成分分析法、因子分析法、模糊综合评判法、神经网络算法等。定量分析的模型主要都是解决指标体系中各项指标的相对权重问题，进而通过各提供商在各个指标上的满足情况，计算得到一个综合的评价结果。因此，指标权重的确定就成了提供商选择评价模型的重点和难点。目前现有各种提供商评价定量分析方法都存在着各自的优缺点，本文对它们进行一个简单的分析。

1. 层次分析法

层次分析法通过将复杂问题划分成若干个层次，利用方案的两两比较，构造每一层次相对重要性的判断矩阵，计算出每一层次元素的重要性权值，从而得到综合排序结果。这是一种定性和定量相结合的层次化分析方法，易于操作，有着广泛的应用性。但是由于该方法要求每层次的各个因素之间要相互独立，同时其处理权重指标时按照单纯的线性关系计算，不能较真实地反映现实中的问题，主观性较大。因此，在选择评价提供商时不能较为客观地反映出各个有影响关系的评价指标的非线性关系，从而不能得到较为准确的综合评价结果。

2. 主成分分析法

主成分分析法能够较好地消除评价指标之间的相互影响，通过将原来的指标重新组成一组新的相互独立的几个综合指标，同时根据需要从中选取几个较少的综合指标尽可能多地反映原指标的评价思想，从而减少了计算的工作量。但是主成分分析法在原始指标和新指标的转化中采用的线性转换过程，可能会导致对现实关系反映上的偏差。

3. 因子分析法

因子分析法的基本思想是按照相关性大小把各个指标分组，使同组内的指标之间相关性较高，不同组的指标相关性较低。每组指标代表一个基本结构即公共因子，然后对公共因子进行计算，最终得到一个综合值。这种方法使得使用者能够更加直观地进行操作。但是由于因子的得分是一个估计值，因此不如其他方法精确。另外，因子分析法还存在一个工作量大的问题。

4. 模糊综合评判法

模糊综合评判法是借助模糊数学的一些概念，应用模糊关系合成的原理，将一些不易定量分析的评价指标量化，较好地消除人为因素的影响，从而较真实地反映评价目的。但是这种方法需要在评价前，严格划分各个评价因素之间的界限，减少相关度。因此，模糊综合评判法不太适用于指标之间存在相关性的提供商选择评价问题。

5. 人工神经网络

它是在模仿生物神经系统的功能和结构的基础上发展起来的一种新型信息处理系统，模拟生物神经的学习能力、记忆能力和信息加工能力。通过对给定样本模式的学习，获取评价专家的知识、经验、主观判断，即对目标重要性的倾向，从而获取各权重的内在联系，建立起更加接近于人类思维模式的定性与定量相结合的综合评价选择模型。人工神经网络主要具有以下优点：一是能够通过样本的训练，模拟专家评价头脑，定量化地再现专家评价结果，从而减少人为因素的影响。二是能够不断地对样本进行学习，改进自身的评价方法，消除各个指标相关性对评价结果造成的影响。三是具有高度的非线性处理能力，能够进行复杂的逻辑操作同时再现现实中各指标计算的非线性关系。四是能够动态地调整评价指标对评价结果的影响。在评价指标发生变化后能够迅速地调整适应这种变化。人工神经网络的这些优点正好弥补了前面几种方法的不足，因此，可以选择运用人工神经网络模型定量化的评价选择上游物流服务提供商，较好地消除人为主观因素以及随意性的影响，较好地解决评价指标之间存在相关关系以及变量之间的非线性关系问题，动态地反映整个评价过程。当然，在使用人工神经网络选择评价提供商时，需要有大量的样本进行学习和模拟，这样才能保证评价的准确性和客观性。

第七章　长江港口物流服务
供应链柔性构建

一、港口物流组织

　　港口物流组织分为港口与其他节点成员间组织和港口内部组织两个层面。有许多学者对其进行了深入研究，其中封学军通过分析港口群系统形成、发展的机制和推动港口群发展的驱动力，建立港口群系统优化模型，并采用多智能体遗传算法进行求解，最后又对危害港口群系统优化的重要因素进行了分析；Marlow 提出了"精干港口"（Leanport）的概念，将其定义为能够充分利用各种有形和无形资源，并能够消除货运及服务相关的各种物质与信息的浪费的港口。他认为单一的港口并不能够达到这种水平，许多"精干港口"组成的港口网络会更有效率，能够提高服务水平和实现信息、共享。他实际上提出了一个综合的网络化的战略联盟模型，其中包括了进行网络监管的"精干港口企业"、港口和内陆终端等，其结果多为次优解；张婕在研究第四代港口发展策略的问题中，分析港口与供应链关系的演化阶段分为：①分离阶段，港口与一般制造业供应链相互独立，双方主要通过代理商（如货运代理或船舶代理）与供应链发生联系；②整合阶段，港口既通过代理商与供应链发生联系，同时又越来越多地直接为供应链节点企业服务；③嵌入阶段，港口与一般制造业供应链的关系更加紧密，港口供应链港口成为这条特殊供应链的调度中心和综合服务平台，功能发展为更加强调满足一般供应链对港口差异化、敏捷化和精细化的服务需求；高洲针对港口与供应链发展的互动性，通过分析港口与供应链之间的关系以及相互影响、港口与客户的关系以及港口与供应链互动关系演变，阐述非供应链思想和供应链思想下港口与客户互动关系的变化，通过港口与供应链互动关系演变的概念模型，论述港口与供应链的互动发展，并描述各阶段的特征。港口作为供应链中的一环节，应放弃"中心"观念，寻求在供应链环境下发展的新途径。此外，有很多学者研究了港口发展战略问题，由于港口资源的特殊性，可以理解为港口间竞争是一种寡头竞争，而非自由竞争，可以通过运用不合作博弈理论建立数学模型来分析三种博弈情形，为港口规划者提供决策支持。其中，Jacobi 研究当地政策对港口运营的影响程度时，就运用两个不同开放程度的港口实例作比较，一个是由港口码头运营商来主导港口运营成为该地区首选中转港口，而另一个港口由于受政府过多干预导致港口多方面的运作效率和发展前景大打折扣。在实际港口物流业务中，如何让众多的参与方（如货主企业、物流企业、政府监督管理部门金融服务机构）实现信息的交流和共享是摆在人们面前的急需解决的现实问题。对港口信息化的研究就成了对港口物流研究的一个重要分支港口，物流信息平台无疑是港口信息化的主旋律。车丽娜认为口岸物流信息平台不同于企业或行业物流信息系统，也不同于区域物流信息平台，她把口岸物流信息平台分为三类用户：商贸运输企业、政府监管部门、金融服务部门，并针对不同的用户，论述了各自需求，进而指出了平台向不同用户所实现的功能。

二、柔性设计理论

（一）柔性设计理论基础

目前，关于柔性，国际上尚无统一定义，最具代表性的定义有：①Mandelbaum 和 Zeonoviel 将柔性定义为有效地响应变化环境的能力或对变化环境有效的反映能力；②Masearenbas 和 Buzacott 将柔性定义为系统所具有的处理变化的环境或由环境引起的不稳定性的能力；③Ed Frazelle 将柔性定义为能快速而不昂贵地响应变化和新情况的能力；④Gupta 将柔性定义为系统处理变化的能力；⑤Chung 将柔性定义为经济而快速地响应变化的环境的能力；⑥韦氏大字典将柔性定义为能响应变化的或新的情况，或者说能和变化的或新的情况一致。上述定义虽然存在着意义上的细微差别，但有一点是共同的，即柔性是处理变化和不确定性的能力。因此，柔性是一个系统所具有的快速而经济地适应环境变化或处理由环境所引起的不确定性的能力。Sethi 把 50 多种关于柔性的各种定义归为 11 类，分别是：机器柔性（Machine Flexibility）、物料搬运柔性（Material Handling Flexibility）、操作柔性（Operation Flexibility）、产量柔性（Volume Flexibility）、零部件选路柔性（Routing Flexibility）、过程柔性（Process Flexibility）、产品柔性（Product Flexibility）、扩张柔性（Expansion Flexibility）、程序柔性（Program Flexibility）、生产柔性（Production Flexibility）和市场柔性（Market Flexibility）。这 11 类柔性又可分为三个层次：①基本柔性，主要包括机器柔性、物料搬运柔性以及操作柔性；②系统柔性，主要包括产量柔性、零部件选路柔性、过程柔性、产品柔性以及扩张柔性：③集成柔性，主要包括程序柔性、市场柔性以及生产柔性。

（二）柔性制造系统理论

FMS 是由若干数控设备、物料运贮装置和计算机控制系统组成的并能根据制造任务和生产品种变化而迅速进行调整的自动化制造系统。FMS 调度问题和 FMS 资源配置问题是研究的重点和热点。FMS 作业调度的任务可以分为两类：第一类是路径规划问题，即根据多种优化目标，采用各种算法来实现加工工序的最优化和加工工艺路线的优化以及各类设备的利用率最大化。它的目标是根据一定的性能指标，在满足技术上的制约因素（如机床刀库容量和机床生产能力）的条件下，从上层计划给出的应加工的工件中选出一个适合加工的工件集合，并将其所有工序和所需的刀具分配到各机床上，因而也称之为生产计划问题。该问题的关键是零件分批和机床负荷分配，目前采用的建模方法和算法主要有排队网络模型、数学规划法以及遗传算法等。第二类是动态调度，它是指在加工过程中根据系统当前的实时状态，对生产活动进行动态优化控制。动态调度的目标是在整个加工过程遇到扰动和故障时，能够根据系统监控到的实时情况修改原定的加工顺序，调度系统的所有资源，使 FMS 持续地、优化地运行。Suri 和 Hildebrandt 最早对 FMS 的优化配置问题进行了论述，他们给出了一个用排队网络方法建立系统解析模型的一个例子，在这个模型中，被定义的系统配置变量有机床数量、托盘的数量以及物料传送系统设备的数量，被评价的性能指标包括生产量和机床利用率。为了配置一个合理的系统，他们对模型进行了多次反复的迭代分析，每一次的迭代结果都是对上一次系统配置的一次改进，直至得到满意的优化结果。

随着计算机性能的提高，计算机仿真技术和虚拟技术的发展，特别是大型商业化的离散事件仿真平台的出现，使得在计算机的虚拟环境中真实再现设计系统变得可能，Andrea 和 Massimo 利用特定的软件工具 WITNESS7.0 对制造系统进行建模，分析了三种系统布置方式：加工车间（Job Shop）、柔性单元（Flexible Cell Shop）、流水生产线（Flow Shop）以及市场产品需求变化对系统性能的影响。

（三）柔性管理理论

柔性管理是一种倡导企业主动适应变化、制造变化、利用变化以提高自身在动态环境下竞争性的管理思想，其本质上是一种对"稳定和变化"同时进行管理的新战略，以实现稳定性和柔性的动态平衡。柔性管理的目标是追求企业的整体柔性，包括人员柔性、组织结构柔性、企业文化柔性、企业战略柔性、技术柔性。柔性管理蕴含了权变管理、人本管理、"和谐管理"的思想，但并不是这些理念的简单抄袭。权变管理所强调的灵活性与适应性特征正是柔性管理的特征之一。柔性管理强调一种动态、柔性的组织结构，体现了权变管理的思想。实现柔性管理要以顾客要求为导向，以企业再造为手段，以学习型组织为目标，以信息化为基础。聂规划等对企业柔性进行了界定和度量研究。将柔性管理和企业柔性进行了区别，并对企业子系统和管理子系统的柔性进行了定义。柔性管理是一种管理模式，它不同于管理系统柔性，也不同于企业柔性。Sanchez 从产品竞争的角度，将柔性分为资源柔性和协调柔性，而将协调柔性视为管理创新。组织管理系统必须具有一定的柔性才能进行有效的决策、协调和管理。管理子系统处理外部不确定性的能力称为管理子系统的决策柔性；管理程序数量及转换速度所反映的管理能力称为管理子系统的管理柔性。庞庆华等采用层次分析法分析生产系统柔性，提供了另一种柔性研究工具和视野，认为企业生产系统柔性具有适应范围、转换时间、费用等方面含义。

（四）大批量定制生产模式理论

1987 年，戴维斯（Stan Davis）在 *Future Perfect* 首次提出"Mass Customization"，即大批量定制，简称 MC。Michael Kay 等认为大批量定制是一种驱动产品和服务的生产与递送信息技术，这些产品和服务是在大批量生产的成本范围内有效地满足个性化的客户需求。邵晓峰等人认为：大批量定制是在高效率、大规模生产的基础上，通过产品结构和制造过程的重组，运用现代信息技术、新材料技术、柔性技术等一系列高新技术，以大批量生产的成本和速度，为单个客户或小批量、多品种市场定制任意数量产品的一种生产模式。从广义方面来看，MC 作为一种现代的管理模式，是面向多样化和个性化的客户需求的。其建立在大批量的基础上，通过高度的过程敏捷性、柔性和集成性向消费者提供个性化的服务，尽量覆盖各个市场细分，获得范围经济的能力；从狭义方面来看，MC 被看作一个系统，该系统通过使用信息技术、柔性过程和组织结构来为消费者提供一系列符合其个性化需求的产品。

1. 大批量定制的产品模块化设计思想

大批量定制生产模式也需要先进的设计理论和方法的支持。产品族设计（PFD，Product Family Design）是面向大批量定制的产品开发方法（DFMC，Design for Mass Customization），是实现大批量定制生产的有效途径，其基本的设计方法是模块化设计。张建提出了参数创成式模块化设计思想，它继承了传统模块化设计和广义模块化设计的全部基本特征。该方法允许模块结合方式动态生成，即模块具有柔性。其主要思路如下：首先根据市场需求或客户订单，进行产品定义、编制产品系列型普。然后对产品进行功能分析和模块划分，再依据客户需求从原型模块库中选择已有模块进行匹配，并进行局部结构分析和优化设计。若所选模块组合符合要求，则进行下一组模块间的选配直到所有模块选配结束；否则，重新选择模块来匹配，必要时可以重新设计某些模块。最后进行整体结构分析和优化。

2. 可重构制造系统重构过程建模思想

1996 年密执安大学工程研究中心在美国国家自然科学基金（NSF）和 25 家公司资助下，开展了重构制造系统（Reconfigurable Manufacturing System，简称 RMS）项目的研究，它被定义为：一种在初始设计阶段即考虑到能快速变化其结构及软硬件部件的系统，便于按制造零件族的要求快速调整其生产能力和功能特征，以响应市场的突然变化或调节的需要。RMS 是 FMS 技术的继承、发展和提高，并已成为 21 世纪制造系统的发展方向。姜晓鹏曾提出一个完整的重构过程，包括 5 个阶段：①提出重构需求。一般以文档形式体现，需要设计人员进行分析，以转化为可实施的需求。②确定重构方案。根据可分解性原理通过需求集合来确定其相关重构方案集合。然后利用重构的触发性和映射性，对每一个重构方案进行重构影响分析，确定该重构方案通过直接触发、间接触发或映射关系影响的所有基本重构单元的集合。③评估重构方案。根据重构影响分析的结果，进行重构方案的性能评估。如果评估的结果表明该方案的性能能够满足时间、成本等指标的约束，则根据重构方案的要求加以改造，并进行相应的回归测试；否则，回到最初的步骤，重新进行方案设计。④执行重构方案。将重构方案应用于制造系统。⑤重构回归测试。对重构的结果进行测试，保证重构后的系统能够正确运行。

3. 柔性思想在供应链领域的应用研究

目前，供应链柔性已有的研究成果可以概括为三个方面。第一方面主要是关于供应链柔性的概念及绩效评价、考虑柔性的供应链伙伴选择和柔性约束条件下的供应链生产决策优化等的研究。主要理论如下：①供应链柔性是指供应链面对市场多样化的不确定需求而改变其产出水平的能力，并且采用供应链经营资源的富余能力来计量，并在此基础上将供应链柔性引申定义为对供应订单的批量和交货期施加较少的限制，同时引入柔性作为供应链绩效评价指标的角度对供应链柔性作了描述性研究。②供应链模型及各子系统继承的框架模型包含研发、资源、制造、物流、信息和决策等六个柔性子系统，同时供应链伙伴选择要考虑成本、顾客服务水平和柔性等目标，并通过柔性约束条件进行供应链生产决策优化。第二方面主要是将单个企业柔性系统方面的研究成果直接应用和拓展到供应链柔性系统上。如有学者按单个企业柔性的观点研究了供应链核心企业柔性与供应链绩效之间的关系，并应用研究成果拓展到多产品多阶段的供应链系统，进而分析了供应链的客户服务水平和供应链柔性之间的关系。第三方面是有关供应链建模方面的研究。供应链的建模方法近年来有从数学方法向多学科（如多 Agents 系统、复杂性科学等）交叉发展的趋势。近期有不少学者应用多 Agents 技术研究供应链设计与协调问题。

三、长江港口物流服务供应链柔性构建的设想

港口柔性化特征是第四代港口区别于其他代际港口的最重要特点之一。要研究如何将新一代港口的柔性特征融入港口物流系统设计中，形成港口柔性设计方法及设计内容体系。通过本章对港口物流系统柔性设计方法的分析来对第四代港口物流系统进行初步尝试性研究，为今后第四代港口的进一步深入研究提供一定的理论方法基础。

（一）第四代港口物流运作特征

1. 第四代港口物流系统的定义及内涵

（1）第四代港口物流系统的定义。港口物流是港口为适应现代物流发展的需要而形成的新型产业形态。根据港口物流的发展现状并结合港口物流未来的发展趋势，将第四代港口物流系统定义为：它是国际和地区综合物流服务链中的重要环节，通过港口区域化发展扩展了港口活动的地理空间和经济空间，将传统的港口装卸活动与现代物流服务功能、柔性制造、柔性管理理念结合起来，形成以港口客户为中心的物流服务体系，从而实现货物的高效率装卸以及集疏和物流服务增值。

（2）第四代港口物流系统的内涵。从以上港口物流系统定义可以看出其内涵：作为国际和地区综合物流服务链中的重要环节，港口物流系统是港口所在地区经济系统的重要组成部分，它通过与地区和城市经济之间的互动，可以提高港口的综合实力，增加地区和城市经济的竞争优势。

随着港口集疏运网络的发展，港口系统逐步在空间和功能上向外拓展。港口实现动态网络化运作，能够更好适应全球经济变革和环境及运输市场扩大化和多样化的需求。将"柔性制造"理念与柔性管理模式运用到港口生产作业中，实现港口作业精益化、敏捷化，围绕客户需求为目标，根据客户的多样化需求提供个性化的增值服务。从上面的阐述可以看出，第四代港口物流系统实质就是运用全球供应链思想、柔性制造等理念对港口运输中转节点原有定位的重新定义，是对港口物流特征及其功能的重新认识。

（3）港口供应链运作特征。随着第三代港口向第四代港口的快速演变

发展，港口在全球供应链中的重要地位不断提高。港口已不仅是物质交汇的连接点，更是一个具有积极主动意义的综合运筹和处理物流生产的基地。港口物流组织实质上是港口物流供应链的组织。港口供应链是指以港口为核心，并与货运代理、船公司、装卸公司、运输企业等通过建立协作关系共同向终端客户提供物流及其相关增值服务，实现整个供应链成本最低的服务型供应链。

（二）长江港口物流服务供应链柔性构建思路

1. 构建理论基础

耦合（Coupling）是物理学的一个基本概念，是指两个或两个以上的系统或运动方式之间通过各种相互作用而彼此影响以至联合起来的现象，是在各子系统间的良性互动下，相互依赖、相互协调、相互促进的动态关联关系。例如两个单摆之间连一根弹簧，它们的震动就彼此起伏，相互影响，这种相互作用被称为单摆耦合；两个线圈之间的互感是通过磁场的耦合。借此推而广之，在系统科学领域中，也可以把两种系统通过某种条件，使二者有机结合起来发挥作用的客观事物，称之为耦合。类似地，可以把港口物流系统与港口柔性体系两个系统通过各自的耦合元素（耦合现象的出现具有一定的客观条件）产生相互作用、彼此影响，来形成港口物流系统的柔性设计过程及思想方法。

2. 构建思路

根据港口供应链的运作特点和港口内部物流系统组成情况，并对港口物流服务供应链柔性特点进行分析，把两者结合进行系统耦合分析，形成港口物流服务供应链柔性构建过程、构建内容及构建步骤。

（三）长江港口物流服务供应链柔性构建设想

1. 长江港口物流服务供应链柔性构建理论

长江港口物流服务供应链是港口物流供应链系统与港口物流服务体系之间的结合，也是一种系统耦合。在系统科学领域中，系统耦合定义为可以把两种系统通过某种条件，使二者有机结合起来发挥作用的客观事物。类似地，港口物流服务供应链柔性构建就是把港口物流供应链系统与港口物流服务体系两个系统，通过各自的耦合元素（如合适的数量、货物、时间和地点等）产生相互作用、彼此影响，在环境、供应商和客户需求等内外条件变化情况，快速而经济地柔性运作满足客户服务需求的思想方法。

物流服务供应链柔性是指在内、外条件变化的情况下，以最低的物流成本，提供高效的物流服务，满足顾客或供应链成员需要的应变能力。物流服务供应链中存在着供应商供货的不确定性、顾客需求的不确定性、生产控制的不确定性、运输条件的不确定性及外界环境的不确定性等多种不确定性。因此，物流服务供应链的柔性可以概括为以下几种能力：货物品种及其组合的调整能力、既定配送计划变更能力、既定配送方式调整能力、配送策略变更能力、协同配送能力等。

2. 长江港口物流服务供应链系统

整个长江港口物流服务供应链系统可分为外部和内部两个层面。外部层面包括：社会经济环境（海关、工商、区域经济政策等）、其他港口物流服务供应链及其他港口；内部层面包括：港口物流服务供应链的成员及供应链作业子系统。在系统中，各元素存在横向和纵向两类关联关系，如图7-1所示。从图中可以得出本系统由三大关键系统组成：长江港口物流服务供应链内部物流系统、长江港口物流服务供应链外部纵向物流系统和长江港口物流服务供应链横向物流系统。

横向关联：①为实现与区域经济协同发展，长江港口物流服务供应链与区域社会经济进行的合作关系；②为拓展港口物流服务能力，长江港口物流服务供应链与其他港口物流服务供应链之间形成联盟，联盟成员间的竞争与协作关系。

纵向关联：①长江港口物流服务供应链的成员和客户，通过大数据实现信息共享，并与客户建立战略伙伴关系，通过利益共赢，控制成本，实现整体利益最大化的协作关系；②长江港口物流服务供应链的供应链作业子系统间的关联，即各物流节点通过分工合作，协同一致，通过提供精益化、差异化的定制物流服务满足客户的多变需求的合作关系。

3. 长江港口物流服务供应链柔性构建原则

长江港口物流服务供应链柔性构建，必须结合自身的实际情况：目前大多数长江港口物流服务供应链的核心业务在于中转，从系统与物流服务供应链的角度出发，应用柔性耦合分析方法，以港口物流服务供应链界定和特点分析为基础进行构建，才能达到最佳的效果。在构建过程中还应遵

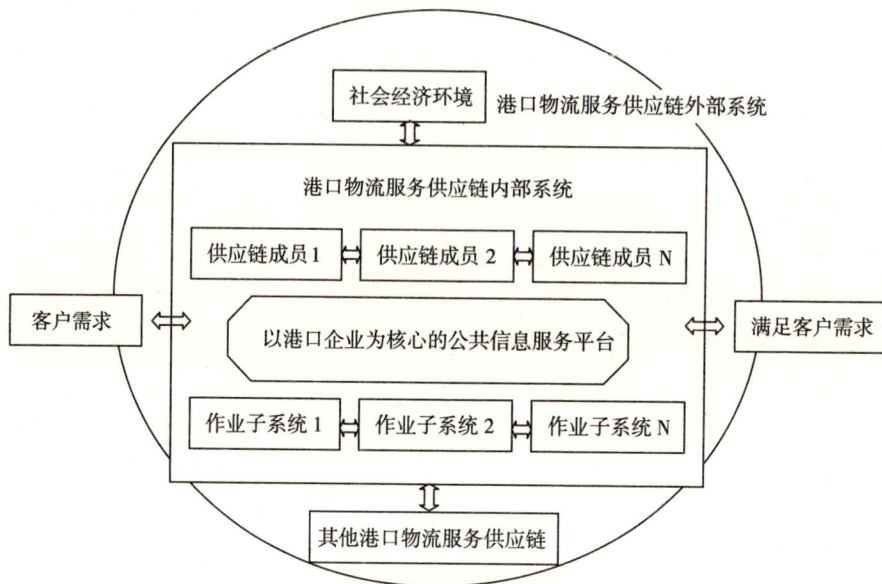

图7-1 港口物流服务供应链系统结构

循以下原则：

（1）系统集成原则。长江港口物流服务供应链的内部及外部系统集成化是其柔性设计的基础。港口物流服务供应链系统呈现出一种网络化结构体系，这种网络集成化的系统应以能适应内、外条件变化提供面向客户复杂多样化的物流服务为核心目标。

（2）隔离解耦原则。通过对系统柔性的耦合分析，将耦合结果进行结构分析，实现操作层的隔离解耦，即采用化繁为简、分而治之、化整为零的方法处理复杂问题。

（3）动态可变原则。长江港口物流服务供应链是以港口物流服务为中心，以满足不同客户的个性化需求为目标，能够依据环境变化及客户个性需求进行适应性调整。

（4）模块构件化原则。全面吸收模块构件技术在系统构建、建模和应用等方面的优势，真正实现港口物流服务供应链灵活高效、功能可重构、结构可重构和服务可定制的能力。

4. 长江港口物流服务供应链柔性构建框架

根据柔性的多维度特征和港口物流服务供应链柔性能力类型，将港口物流服务供应链柔性分为：环境适应能力、环境反应能力、组织适应能力、环境改造能力、功能改造能力和长江港口物流服务供应链的稳定发展能力。港口物流服务供应链柔性主要来源于战略柔性、结构柔性和运营柔性三个层次，其中重点是对环境的适应能力和改造能力。所以，本文首先从内外部环境入手，将长江港口物流服务供应链环境分为：①长江港口物流服务供应链所处的社会经济环境；②长江港口物流服务供应链整体环境；③长江港口物流服务供应链各节点的内部环境。长江港口物流服务供应链柔性在这三类环境下的具体表现：①对社会经济环境变化的缓冲能力和适应能力，体现为：长江港口物流服务供应链综合柔性。②对其所在供应链环境的缓冲能力、适应能力和改造能力，体现为：长江港口物流服务供应链的网络柔性和组织柔性。③港口物流服务供应链各节点的内部环境的缓冲能力、适应能力和改造能力，体现为：作业过程柔性、内部组织柔性、作业功能柔性、客户服务柔性、作业技术柔性。

　　以上所述的长江港口物流服务供应链柔性分别应对各个层次环境的变化而存在，不是孤立存在，作为整条物流服务供应链柔性系统的组成部分，相互影响、相互促进，如图7-2所示。

　　(1)港口综合柔性。它是港口对主要运营指标的调控能力，是港口柔性的宏观表现，也是港口整体柔性化的重要体现。它是港口各个层面柔性因素在港口物流系统上的合力，也是应对社会经济环境变化体现出的政策柔性、市场柔性、信息柔性等综合表现。它需要对港口物流系统各个层面柔性问题进行综合评价分析。

　　(2)港口供应链物流网络柔性。港口外部物流网络属于港口供应链范畴，其外部物流网络的柔性是应对港口供应链环境变化的重要途径。基于港口供应链的物流网络是区别于传统意义港口物流网络，它可以提供更丰富的服务内容和更多的途径来降低外部环境不确定性和整体物流成本。将港口供应链中不同客户需求和功能定位合理配置到港口物流网络上的各个节点，并实现港口供应链的物流功能模块化组合。

　　(3)港口供应链组织柔性。港口供应链的物流组织管理就是以供应链关系管理为基础，把协调港口供应链上成员之间的关系与物流网络管理结合起来，通过链上成员之间的协作来顺畅物流网络运作，优化物流网络配

119

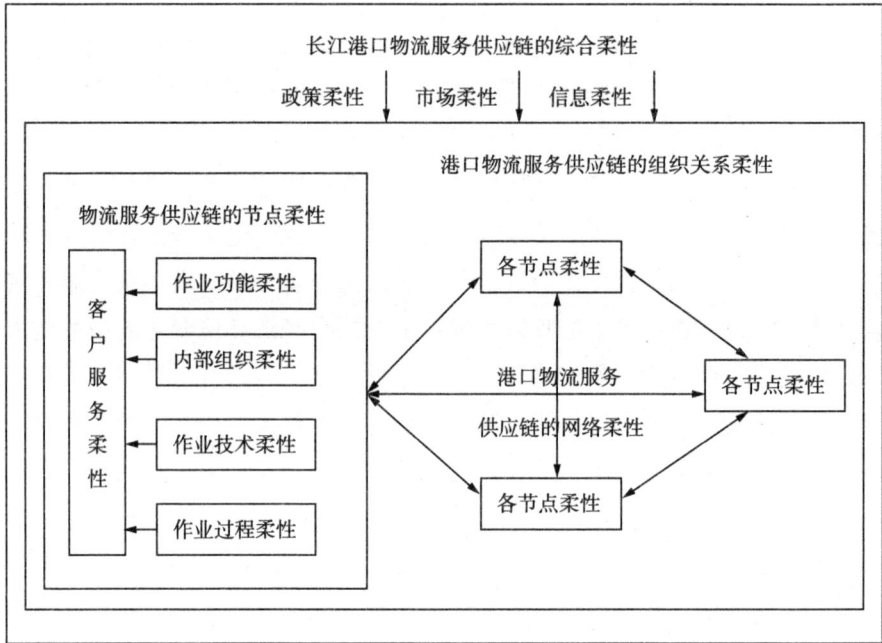

图7-2　长江港口物流服务供应链柔性框架

置，充分发挥港口物流网络整体优势。

（4）作业功能柔性。第四代港口的功能既要保持港口物流传统基础功能，还要增加体现现代物流中心特点的诸如配送、流通加工、信息服务等增值功能。随着港口全球化和区域化发展，特别是面对港口供应链中不断变化的客户需求，港口作业功能柔性使得这种变化对整体港口运营影响降低到合理的范围，同时也为客户提供差异化的物流服务。

（5）内部组织柔性。港口企业为了适应外部环境的动态性，组织以最小的时间、成本、精力代价和业绩损失对环境变化做出调整或反击的能力。柔性组织管理可以通过采取权力的适度分散、鼓励学习与创新生产作业等措施，提高港口企业快速防御风险的能力和利用机会的能力。

（6）作业过程柔性。第四代港口区别于以往代际港口很重要的特点之一是将柔性制造系统的理念运用到港口作业过程之中。将柔性制造理论与港口作业特色相结合来寻找和实现适合港口柔性作业的方法。敏捷化、精益化、差异化是柔性制造系统的三大特征，可以沿用模块化和重构理论把港口的生产流程分为运输、仓储、加工、装卸、配送和信息、服务等各个生产作业模块，每个模块又可具体分割为若干程序，流程、模块和程序都是建立在精益化、流程再造的基础之上，保证服务既能够满足差异化的服务需求，又能减少浪费。

（7）作业技术柔性。随着现代管理技术、通信技术、自动化技术、机械技术的发展，港口的生产技术将从常规的低柔性技术向非常规的高柔性技术发展。诸如港口服务方式从大规模大批量向大规模定制化发展；港口空间设施布局从传统的直线型或规范型向柔性工作站点模式转换；可以建立程序控制的柔性生产自动化体系等。另外，随着人员文化和业务素质的提高，个体掌握的技能和知识逐步从狭窄向宽泛转变，也将促使港口生产技术的柔性化。

（8）客户服务柔性。重视客户需求、强调客户服务是第四代港口的显著特征之一。客户服务柔性不是一个独立柔性特征存在，而是通过以上多层次柔性共同作用来体现。客户服务柔性实现的是从客户需求角度出发将港口一切资源有效组织形成体系，形成一整套港口客户服务快速反应机制，实现港口作业敏捷化。

5. 长江港口物流服务供应链柔性构建的耦合分析

为了便于通过柔性耦合分析来研究长江港口物流服务供应链柔性构建过程和内容，本文从系统分析的角度将长江港口物流服务供应链柔性构建内容的形成过程划分为三步，依次为：战略层面、策略层面和实现层面。

（1）战略层面。该层面主要研究对象为：综合柔性，即港口对各类外部环境和内部环境的不确定性的缓冲能力、适应能力和改造能力的宏观体现，同时也要体现港口在各类环境（环境Ⅰ、环境Ⅱ和环境Ⅲ）中的地位和作用。

（2）策略层面。该层面主要研究对象为：功能柔性和组织结构柔性。功能柔性，即通过港口各类功能性延展来实现港口柔性；组织结构柔性，即对港口内部和外部物流组织结构关系管理与优化来实现港口柔性。

（3）实现层面。该层面主要研究对象为：作业柔性、服务柔性、技术柔性、系统组织柔性、物流网络柔性。其中：作业柔性、服务柔性、技术柔性是分别从港口作业功能、港口服务功能和港口生产技术的角度来实现港口功能性延展的策略；系统组织柔性和物流网络柔性是实现港口组织结构柔性策略的两方面途径。

根据以上三个层面所涉及的长江港口物流服务供应链柔性的分析，可以形成长江港口物流服务供应链柔性构建的层次框架，即从战略层、策略层和操作层三个层面进行分层构建。在战略层面中，主要是综合柔性的构建，重点是要明确长江港口物流服务供应链柔性构建的总体目标和具体要求；在策略层面中，主要是网络柔性和组织柔性的构建，重点是根据总体战略要求，挖掘相适应的长江港口物流服务供应链网络运作和组织运行的柔性化策略和方法；在操作层面中，主要是各节点柔性的构建，重点是针对策略层面的柔性化策略和方法，并根据客户服务柔性需求进行组织流程改造，实现作业过程柔性、内部组织柔性、作业功能柔性和作业技术柔性。

6. 长江港口物流服务供应链柔性构建内容

根据系统耦合分析的层次结构，其实现层即为长江港口物流服务供应链柔性构建的核心内容。核心内容归纳如下：港口外部组织柔性设计、港口外部物流网络柔性设计、港口内部组织柔性设计、港口客户服务系统设计、港口作业过程柔性设计、港口空间设施柔性设计。

（1）港口外部组织柔性构建。以建立港口联盟的形式对港口外部组织结构进行柔性分析，研究港口联盟的动态优化问题。应用动态联盟理论，研究港口动态联盟的组织结构、港口动态联盟的运作特点，在此基础上研究以港口为核心的动态联盟的构建和优化问题。

（2）港口外部物流网络柔性构建。分析新一代港口外部物流网络的特性，分析港口联盟物流网络的结构，构建基于港口供应链模式下港口联盟物流网络模型，以及从效益、成本、服务多个方面研究港口联盟物流网络的竞争能力。同时研究港口联盟内物流节点布局优化问题。

（3）港口内部组织柔性构建。主要分析港口内部组织管理结构，研究其组织结构弹性的表现形式，研究组织结构及子系统对组织外部变化的适应程度，以及研究港口柔性管理控制问题。

（4）港口客户服务体系构建。始终围绕客户需求来构建港口客户服务体系，包括：港口客户服务目标的确定，确定服务目标的要素和方法分析，对现有内部运作环境和外部市场环境进行分析和评估，分析港口服务对象的类型、结构和组成，发展港口服务的策略，构建港口服务的快速反应机制，实施港口服务的计划和措施，包括：需求市场推广及运作模式研究、业务能力营销组织结构研究。

（5）港口作业过程柔性构建。运用模块化思想和大规模定制思想，以港口客户需求为导向，在分析港口作业过程的特性的基础上，进行港口作业过程的模块化设计，并对作业过程进行重构，实现港口精益化，在此基础上对港口柔性调度策略建立数学模型和仿真验算。

（6）港口空间设施柔性布局构建。主要研究港口物流设施空间柔性化布局问题，首先分析港口物流作业的特点，根据港口物流活动特殊性和柔性设计需要对一般物流设施空间布局的方法进行改进，建立数学模型和求解出几种初选方案，通过建立适合港口物流设施空间柔性化布局的定量与定性相结合的评估体系，优选出最优的备选方案。

（7）长江港口物流服务供应链柔性评价。从港口柔性需求入手，分别从港口客户和港口自身两方面来进行分析，并运用模糊 QFD 来分析柔性需求与柔性评价指标之间的关系，来建立港口物流系统柔性化评价指标，再运用模糊测度理论考虑评价指标间相互关系确定最终评价值。

7. 长江港口物流服务供应链柔性构建步骤

应从港口外部物流系统和港口内部物流系统两个层面来构建港口物流系统柔性设计的内容。参照系统分析理论，港口物流系统柔性设计构建过程中也遵循着自上而下的系统分析方法，先建立起对系统的整体认识，而后再求将其分解进行分析，即先分析港口外部系统再分析港口内部系统层面。港口外部系统层面的柔性问题是从组织关系和物流网络两个方向展开构建。港口内部系统层面组织关系的柔性问题是从港口内部组织结构和港口客户服务体系两方面来构建，前者是研究港口内部子系统间的组织关系问题，而后者是研究港口与所有服务对象之间关系问题。港口作为港口外部物流网络的核心节点，其内部物流网络的柔性优化问题是港口内部系统层面的另一需要考虑的重点，该部分可以先构建港口作业过程柔性，在此基础上对港口空间设施柔性布局设计进行分析与构建。最后，将以上几个主要设计部分综合起来，再对港口物流系统的柔性指标进行综合评价。

四、长江港口物流服务供应链柔性构建措施

（一）提升核心港口的港口物流服务能力

长江港口在物流服务供应链柔性运营过程中，是龙头企业，是整条供应链的组织、执行和规划的主要领导者，当然更是整个链条的关键节点。因此，需要以长江港口企业的物流服务业务为核心，根据物流服务的整合情况选择相关的物流服务功能型企业和其他组织节点，共同组建服务供应链，实现全面提升长江港口的物流服务能力是拓展港口物流服务供应链整体能力的关键。

（二）突出战略发展的融合

在长江港口物流服务供应链的发展中不仅要考虑本条服务供应链的战略规划，还要考虑到港口物流服务供应链整体的可持续发展问题，所以在服务供应链的结构发展上应与核心港口的战略发展保持协调一致。

（三）增强合作成员的稳定

由于长江港口物流服务供应链的各个成员都有自己的业务范围和各自的经营管理特点，所能提供的物流服务也可能存在一定的差异性，这为港口物流服务供应链增添了许多不确定性因素，极大地影响了整条供应链的合作稳定性。所以，在服务供应链的成员选择时，要综合考虑，尽可能地保持成员相对的稳定，完善信息处理能力，减少不必要的中间环节，提高服务供应链运营的稳定性和服务质量的可靠性。

（四）完善供应链的协调能力

长江港口物流服务供应链是否能良性运转关键在于服务能力的传递、控制和执行能否高效与及时，这主要取决于合作伙伴关系集成程度及其协调机制的完善度。物流服务供应链的成员之间需要通过有效的衔接与沟通实现业务集成、信息集成、关系集成和运行机制集成，才能增强供应链整体协同合作与协同发展能力。通过协同合作，相互制约，完善服务质量监督和质量控制体系，能有效促进整条港口物流服务供应链的核心竞争力与服务能力提升。

（五）科学规划节点的互补能力

当前，随着物流专业化趋势和核心竞争力发展的需求，每个物流企业

都在努力构建具有特色的核心业务和核心能力，以寻求可持续发展的空间。而长江港口物流服务供应链的构建目标是为满足客户的全方位一体化物流服务需求，所以，要以突出服务供应链的各成员之间能力互补为基础，科学规划每个节点的核心业务与核心能力，实现供应链整体能力最优就显得尤为重要。也就是说，供应链的每个成员都具有自己的一定特色的核心业务和核心能力，并在市场竞争中也具有较强的实力，再通过协同合作实现资源和能力互补，优化流程，完善物流服务网络，必然会提升整条物流服务供应链的竞争力和服务能力。

（六）提升标准化物流水平

服务标准化、管理标准化、技术标准化和信息标准化是长江港口物流服务供应链创建品牌与提升物流服务水平的基础。因为，各物流节点企业必须在统一的标准下才能更有效地沟通，更高效地调整和优化自我能力，更完善地协同合作，从而推动整条服务供应链服务能力的提升和服务品质的提高。

构建港口物流服务供应链柔性是长江港口物流服务供应链提升现代物流服务水平和发展定制物流服务的关键，港口物流服务供应链柔性是港口物流服务系统和港口物流供应链柔性体系的耦合，其中柔性是指在内、外条件变化的情况下，满足顾客或供应链成员需求的应变能力。所以，港口物流服务供应链柔性能力的建设就必须要结合内外部环境，进行战略柔性、结构柔性和运营柔性的重构与业务流程的重组，不断完善运营措施，才能保证长江港口物流服务供应链整体效用的最大化。

五、港口外部物流组织运营模式

港口外部物流组织主要以港口供应链的形式来体现，港口作为港口供应链系统中的重要主体和环节，以其为核心构建柔性化的港口外部物流组织显得尤为关键。港口供应链成员间为了某一共同的特定目标所形成的合作协议或组成的网络式协作关系，通过与别的港口或企业结为联盟来解决自己对某些资源质和量的需求，这将大大加强港口整体服务效率和竞争力水平。港口联盟可分为静态和动态两种类型，港口静态联盟体现港口供应链是由港口以及其服务供应商和货代等多个合作共同体组成，成员间的联系是沿着供应链方向单向交流；而港口动态联盟则是在不确定的市场环境下，要对市场变化快速反应而形成的一个互动的战略联盟，成员间不仅存在着物流互动，而且存在着资金流和信息流的互动。关于港口战略联盟的研究，包括静态联盟研究和动态联盟研究两部分。其中对动态联盟进行研究仍运用静态理论方法，不能真实反映港口动态联盟运作特征。本章针对港口动态联盟问题，考虑柔性化港口应具备对市场变化的快速反应的能力，从市场环境机遇入手展开分析，应用供应链敏捷管理策略中的动态联盟理论，研究和分析以港口为核心的动态联盟运作体系和优化策略。动态联盟又称"虚拟企业"，是企业利用外部资源的一种有效方式，通过各加盟企业核心优势的整合，能使企业达到前所未有的敏捷性和柔性。William H. Davidow 和 Michael S. Malone（1992）就认为虚拟经营（企业）是为快速响应顾客需求而存在的。因此，许多企业选择动态联盟方式来增加其快速把握市场机遇的能力。目前，对虚拟企业或动态联盟的研究已经广泛应用于生产制造企业、物流企业、IT 企业等许多领域，主要涉及动态联盟的概念性、描述性、框架性的研究，如对动态联盟的组织结构、伙伴优化选择的研究、信息控制研究等。事实上，港口已经越来越成为区域产业链的关键部分，构建以港口为中心的动态联盟不仅能整合和优化闲散的社会物流资源，节约资源投入，而且更能充分发挥港口对区域产业的集聚作用，发挥港口对资源的基础性配置作用，促进腹地和港口之间的协调发展。

（一）港口物流动态联盟组织结构

港口的供应链管理改变了传统的运作方式，需要与其他运作伙伴成为一个整体，共同应对市场的风险和机会，同时也改变了港口的竞争形式，需要由单个港口的竞争转向以港口为核心的整条供应链的竞争。港口的一体化物流管理是整条供应链保持连续和同步的关键。港口参与流通企业或生产企业的供应链管理，要求有能力规划、组织、控制供应链的一切物流活动。对大部分港口来说，不具备足够的实力来参与企业供应链管理的全过程。因此，港口通过组建虚拟物流动态联盟，可以分享彼此的核心优势，增加对物流市场迅速反应的能力。港口物流动态联盟的各伙伴来自于不同的地方，可能具有不同的企业文化和管理模式；而且一旦市场条件发生变化，物流动态联盟也将进行相应的调整或随之解体。物流动态联盟动态性、分布性、并行性、可重构性等特点给组织设计带来难度。传统的管理组织模式是基于功能的递阶式的集中控制结构，缺少敏捷性和高效性。物流动态联盟从根本上来说是一个基于网络的分布式系统，目前还没有一个比较通用的组织结构。徐晓飞等认为动态联盟是由多个项目组以经营生产过程为主线构成的动态联盟企业组织，而动态联盟的组织又是多个联盟伙伴企业间通过多种合作形式（如供应链式、合资经营式、插入兼容式、转包加工式、虚拟合作式等）来构成动态联盟，伙伴企业往往要采用基于多功能项目组的动态组织形式，这些动态组织均是基于现实企业的基本组织单元形成的。结合这一思想，可能分析出基于环境机遇的港口物流动态联盟组织结构形成中的两个关键部分：物流动态联盟整合商、动态联盟信息平台。物流动态联盟整合商是港口，即为联盟的发起者。当市场机遇来临，它通过分析自己的核心优势，选择和评估联盟伙伴、评价联盟的运作效果，主导着联盟的形成和解体；物流动态联盟信息平台是联盟运行的保证，它主要负责联盟伙伴之间的实时沟通，使得分布式的联盟结构能按照一定的目标运作。

（二）港口物流动态联盟运作

1. 运作模型

港口物流动态联盟建立的目标是增加港口对环境变化反应的敏捷性，因此，联盟运作的有效性评价的依据是能否快速地对环境和机遇做出合适的反应。运作模型有以下特征。

（1）港口物流机遇的分解。物流联盟整合商根据物流机遇的特征，分解成具体的几个物流项目，如班轮运输、港口装卸项目、港口堆存项目、港口增值服务等。通过每个项目实现的难易程度的衡量和所涉及的资源、信息、资金、管理上的具体要求，考察港口自身的核心能力，确定选择联盟伙伴的标准和合作方式。

（2）港口物流项目的分解。港口物流项目是一系列港口物流过程的有机结合。每个项目可以分解成若干个任务。如港口装卸项目可以分解成：船舶泊位选择过程、装卸管理过程等。物流过程是虚拟物流联盟运行的基础，通过过程的有序的安排和实现，最终实现每一个项目。实际上，港口虚拟物流联盟整合商即港口通过对港口物流过程的选择来保证港口联盟的最优。港口物流过程的分配过程是一系列港口生产活动的集合。物流过程包括班轮积载、船舶靠泊、港口装卸、货物堆存、增值服务等。港口虚拟物流联盟通过过程的分配，实现每个联盟伙伴对相对应过程的管理和经营。物流过程是物流联盟成员之间联系的纽带。港口动态联盟过程可以分为两部分：一部分是动态联盟独有过程，这部分过程不存在于任何单独的现实实体之中；另一部分是伙伴成员提供的过程，这部分过程是伙伴成员在动态联盟中所独立承担的过程。因此，虚拟物流联盟通过其独有的过程对联盟伙伴独立承担的过程进行管理和协调，实现港口物流联盟的整体运作。

2. 运行系统

考虑到物流动态联盟分布式的本质特点，港口物流动态联盟组织的最小运行系统结构应由三部分组成：过程运行和合作系统；分布式信息管理系统；安全的通信平台。港口物流动态联盟与一般生产企业动态联盟的区别：通过管理和设计港口供应链、港内作业管理、集疏运管理等为客户提供增值服务，而并不提供有形的产品。因此，港口物流动态联盟的运行系统除了具有上述最小运行系统的结构外，还应具有与港口客户的实时交互平台。通过这平台可以及时地了解港口客户需求的变化，迅速地调整各联盟伙伴任务的具体要求，满足客户的需求。过程的运行和合作系统主要功能包括过程的建立、过程的实现、过程之间的联系。分布式信息管理系统主要功能包括伙伴信息的管理、过程和项目信息的管理、物理资源的管理、人力资源的管理等。安全的通信平台主要功能包括不同伙伴之间信息的屏蔽、伙伴的认证和登陆等。港口物流动态联盟与客户的实时交流应能反映以下内容的变化：第一是客户生产计划的变化；第二是客户产品销售业绩；第三是客户供应链的结构改变；第四是客户战略的改变。

（三）动态联盟成员选择过程

根据动态物流联盟理论，港口动态联盟选择决策过程描述为七个步骤。物流是港口服务供应链的最重要组成功能，因此建议港口成立一个由物流、财务、市场营销、运行、人力资源等职能部门组成的物流动态联盟成员选择决策联合工作组。

第一步：进行港口市场机遇评价。港口市场机遇评价的目的是为了满足港口面临的最新市场机遇对港口物流运作状况、运行环境及港口物流资源等方面的需求，进而明确当前港口物流各相关部门业务水平与目标水平的差距，分析决定港口物流绩效水平的主要因素，为港口重新制订物流服务方案和物流绩效管理提供信息、决策支持。

第二步：定义港口物流外包需求。应用物流动态联盟理论，考虑面临的最新物流服务需求，港口选择动态联盟成员本质上是商业买卖决策，因此港口首先需要定义港口物流外包需求。定义物流外包需求要明确以下两个方面：一是界定港口物流外包的范围，范围的确定必须充分与港口的业务范围、客户群体、业务分布区域、行业竞争环境及港口物流相关资源和能力相结合；二是制订外包物流的绩效目标。为了使目标量化便于操作和控制，港口可以确定具体的物流成本预算和客户服务目标。

第三步：招标物流项目。港口明确了物流外包过程和相应的绩效目标之后，就需要公开招标（RFP）。港口采用公开招标，一方面可以体现决策过程的公开、公平和公正，完善企业管理机制；另一方面可在最大范围内挖掘符合港口要求的物流供应商。一般来说，港口可以通过电视、报纸、网络等传媒公开招标文件，也可以向具有规模和实力的港口物流供应商发出邀请函，望其参与投标。在港口物流招标过程中，招标文件是关键。招标文件应主要包括：一是物流项目的内容和要求，文件上需要明确列出物流外包项目的范围，期望港口物流提供商达到的绩效目标；二是企业的背景资料，如港口的经营、财务、顾客、物流现状及潜在需求等信息；三是需要港口物流服务提供商提供的相关信息，如经营业绩、物流基础设施、物流网络、物流信息化水平、主导业务范围、主导行业、主导区域、主要客户群体及合作经历、发展规划与战略等。联合工作小组具体负责招标文件的起草、发布、反馈信息的收集和整理、招标截止日期的确定及相关辅助服务活动的开展。

第四步：选择合作成员。选择合作成员实际上是回答港口应采用几个合作伙伴，并选择哪个合作伙伴来提供外包服务的问题。选择合作伙伴由联合工作小组来完成。联合工作小组可以采用定性和定量两种方式，综合对候选的合作伙伴进行评价，选择动态联盟伙伴的决策思路收集候选合作伙伴相关资料，主要目的是综合全面地掌握信息，为下一步科学的决策奠定基础。在招标反馈信息的基础上，联合工作小组必须进行信息的验证、补充和完整。信息的验证是十分重要的一步，联合工作小组可以采用以下方式：一是对候选企业进行实地考察和调研；二是可以采用如电话、信件或与港口物流供应商企业经理、员工等交谈等形式，了解企业的文化、组织管理等真实内容。

第五步：确立合作关系。选择了合适的合作伙伴之后，需要进一步确定合作关系。所谓合作关系就是指在外包物流运作过程中的参与程度，即港口与港口物流供应商之间保持的联系、交流和合作强度。根据文献，合作关系可以有三种类型：①交易：这种关系建立在一次交易或一系列独立交易的基础上；②合同：以合同为指导，有赖于物流供应商满足委托人特定的履约目标；③战略联盟：一种有计划的持久性合作关系，合作双方彼此能满足对方需要，并为实现共同的利益具有共同的价值取向、目标和企业战略。港口多采用交易和合同两种形式，更利于实现快速响应市场机遇。

不同的物流外包关系，其复杂程度不同，差异还表现在：关系的持续时间、双方义务和责任、计划制订、合同内容、绩效目标和衡量、企业收益和投入等方面。对于港口而言，建立最为合适的物流外包关系意义十分显著。如果港口和港口物流供应商均不存在驱动因素，也不存在促进因素，建议港口最好采用交易物流。

第六步：签订服务合同。合同是物流外包双方最终具有法律效力的文件，因此合同的条款十分重要。在港口物流提供商选择决策步骤中，许多双方已经确认的内容都应以合适的方式写进合同。合同的内容需要包括：一是明确合同双方的义务和责任；二是港口物流外包服务相关内容，如物流外包服务的内容、服务价格、合同有效时间、支付计划等；三是港口物流服务绩效水平的衡量标准和物流控制方式，尤其是危机处理机制的约定；四是争端处理方式和违约赔偿方式。

第七步：实施物流项目。签订物流合同之后，合作伙伴选择决策还没有完成，港口必须对物流服务提供商的服务进行管理和审计。管理和审计的内容包括物流客户服务、物流需求的变化、物流成本等。港口和物流伙伴可以成立共同的工作小组负责管理和审计物流运行活动。港口可以要求物流服务供应商定期提供物流评估报告，包括成本服务报告、作业能力报告和绩效表等。另外，在实施物流项目过程中，港口必须与物流供应商加强信任和合作，共同制定计划及在合同范围内进行信息的充分共享。

第八章　长江港口物流服务供应链绩效评价

一、物流服务供应链的协同

物流服务的协同在管理学中最初出现于 1965 年 Higor Ansoff 写的《公司战略》中，Ansoff 认为战略管理中的协同效应是一种联合作用的效应，是企业获得的大于由部分资源独立创造的总和的联合回报效益。协同强调系统的整体性特征，即系统的组分之间相互作用、相互激发而产生的整体效应、结构效应或结构增值，单个组分或组分的总和不能产生这种效应。Ansoff 成立了协同为什么使企业整体的价值有可能大于各部分价值之和的经济学含义。协同理念在随后的岁月中表现出了惊人的生命力。Hiroyuki Itami 对协同进行了比较严格的界定，把 Ansoff 的协同概念分解成了"互补效应"和"协同效应"两部分，他认为协同是一种发挥资源最大效能的方法。协同学由 Hermann Haken 于 20 世纪 70 年代创立。Haken 认为协同学研究的是系统从无序到有序转变的规律和特征，是一门跨越自然科学和社会科学的横断科学。它研究系统中子系统之间怎样合作以产生宏观尺度上的空间结构、时间结构或功能结构，既处理确定问题又处理随机过程。协同学处理由许多子系统组成的系统，不同系统的子系统可以是性质十分不同的，特别是这些结构以自组织的方式出现，研究这些自组织过程的原理，而不问子系统的具体性质如何。按照 Haken 的意见，协同学包含两个意思：用统一的观点处理一个系统各部分之间的、导致宏观水平上的结构和功能的协作；鼓励不同学科之间的协作。协同，或者叫作协合、协作、合作现象、协同作用，是协同学中最基本的概念。在本文中，主要研究物流服务流程中的协同现象，采取 T. Maione 对协同的定义，协同是指为达到一个目标，活动之间相互依赖的行为。一个协同活动包括以下四个基本要素：①目标（Goal）：为了达到一个目标，才产生协同行为。②活动（Activities）：协同行为存在于两个或两个以上的活动之间。③执行者（Actors）：完成目标的主体，由执行者完成活动与活动之间的协同。④相互依赖（Interdependence）：活动与活动之间存在着相互依赖关系，才会需要协同以保证达到共同的目标，而管理相互依赖的过程就是协同工作的展开。供应链协同是指两个或两个以上的企业为实现某种战略目的，通过公司协议或联合组织等方式而结成的一种网络式联合体。所谓物流服务供应链协同就是运用协同学原理，围绕物流任务和目标要求，通过建立"竞争—合作—协调"的运行机制，建立协同一致地物流服务供应链，共同实现统一的物流目标，从而提高物流的服务质量和服务水平。协同是供应链的核心，是供应链管理的最终目的，供应链协同表现为供应链的组织成员间互相配合来完成价值创造的某种工作，甚至供应链中的成员一起实现共同的战略构想。

协同应有三重含义：一是在组织层面，它已超越了以往"合作和对彼此的容忍"的限度，而是对彼此承担责任。二是业务层面，它整合了物流企业间的业务流程，使得各个环节的业务"对接"更加紧密，资源利用更加有效。三是信息层面，它将伙伴成员间的信息系统紧密地集成在一起，实现了数据的实时流通和信息共享，使伙伴间能更快、更好地彼此开展协作，响应对方的需求和变化。目前，缺乏供应链协同的物流运行方式逐渐暴露出弊端，如环节多、协调差、信息失真、资源浪费、整体效率低下、缺乏对环境变化的应变能力、忽视最终顾客的需求等。在这种情况下，物流企业必须打破企业的组织界限，加强供应链组织成员之间的交流和协同，发挥协同效应，降低协同成本，来提高物流企业服务水平。物流服务供应链的协同是在物流服务供应链建立后，在物流项目的运作过程中，供应链中各成员动态地共享资源，对各种经营活动的相互依赖关系进行集成化的管理与决策，达到改进供应链中各成员和供应链整体绩效的目标。

二、绩效评价的必要性

现阶段我国的物流市场仍不成熟，物流所涉及的范围较为狭窄，其理论基础还不完善。尽管众多企业管理者已经认识到现代企业的发展在很大程度上已受制于物流的发展水平，但由于种种原因，高效的物流服务在我国企业中仍未得到实现。综合有关学者对物流服务供应链绩效评价的研究成果，我们可以发现，我国还没有形成一套完善的物流服务供应链绩效评价指标体系、评价方法和评价模型。对物流服务供应链绩效进行评价可有效地对资源进行监督和配置，可对物流中的资源、物流工作中的效果与物流目标进行比较，从而为更好地实施物流战略提供保障。

为了能评价物流服务供应链的实施给企业群体带来的效益，方法之一就是对物流服务供应链的运行状况进行必要的度量，并根据度量结果对物流服务供应链的运行绩效进行评价。因此，物流服务供应链绩效评价主要有以下四个方面的作用。

（1）用于对整个物流服务供应链的运行效果做出评价。主要考虑供应链与供应链之间的竞争，为物流服务供应链在市场中的存在（生存）、组建、运行和撤销的决策提供必要的客观依据。目的是通过绩效评价而获得对整个物流服务供应链的运行状况的了解，找出物流服务供应链运作方面的不足，及时采取措施予以纠正。

（2）用于对物流服务供应链上各个成员企业做出评价。主要考虑物流服务供应链对其成员企业的激励，吸引企业加盟，剔除不良企业。

（3）用于对物流服务供应链内企业与企业之间的合作关系做出评价。主要考察物流服务供应链的上游企业对下游企业提供的产品和服务的质量，从用户满意度的角度评价上、下游企业之间的合作伙伴关系的好坏。

（4）除对物流服务供应链运作绩效的评价外，这些指标还可起到对物流企业的激励作用，包括核心企业对非核心企业的激励。总之，物流服务供应链绩效评价能够恰当地反映供应链整体运营状况以及上下节点企业之间的运营关系。同时，物流需求方对所选择的物流服务供应链的绩效能够给予公正、客观的评价。

三、绩效评价体系的设立原则

随着物流理论的不断发展和物流实践的不断深入，客观上要求建立与之相适应的物流服务供应链绩效评价方法，并确定相应的绩效评价指标体系，以科学、客观地反映物流企业的运营情况。理想的物流服务供应链指标体系应该能够全面地反映企业提供物流服务的水平，方便企业对服务表现的监督和管理，能够体现客户对服务的要求。因此，本文提出构建物流服务供应链绩效评价体系应以下列原则为指导：

1. 完整性原则和简洁性原则

评价物流服务供应链绩效包括很多的方面，如顾客满意、财务状况等。物流服务供应链绩效指标体系应该能够全面地描述能反映其绩效的指标，避免片面地将物流服务水平归结为在某一个指标上的表现。在全面描述物流服务供应链绩效的同时，指标体系应当突出重要的影响因素，避免罗列次要因素，体现出简洁性原则，这样也有利于以后求解最优服务标准。

2. 定量指标与定性指标相结合的原则

为了给物流服务供应链定制服务水平提供依据，在这里制定的指标体系应当是以量化指标为主并结合定性指标。以定量指标为主，可以最大限度地减少评估过程中人为主观因素的影响，并且一旦出现问题，管理者很容易发现问题的症结所在，可以迅速地采取措施，改进服务。但是物流服务供应链中还存在某些难以量化而又十分重要的业务项目，在这种情况下，可以在指标体系中采纳定性指标，但是一定要重视对这些指标相关成本的调查及其水准的评估。

3. 可操作性原则

可操作性应是设置绩效评价指标体系必须考虑的一项重要因素，离开了可操作性，再科学、合理、系统、全面的评价指标体系也是枉然。这里的可操作性是指要注意指标数据收集的可行性，指标设计应尽量实现与现有统计资料、财务报表的兼容；同时注意指标含义的清晰度，尽量避免产生误解和歧义；另外还应考虑指标数量得当，指标间不出现交叉重复，以此来提高实际评估的可操作性。

4. 可比性原则

对物流服务供应链绩效水平的测量，其体现的是物流服务供应链在市场中的竞争能力。因此，绩效指标的选择应注重可比性，不能仅仅局限于某个物流服务供应链自身，还应该能够与其他企业的总体绩效水平进行标杆比较，反映自己的综合竞争能力。

四、长江港口物流服务供应链绩效评价指标体系

（一）绩效评价指标体系的构建

国内外许多学者和研究机构对供应链绩效评价指标的设置提出了各自观点，供应链权威研究机构 PRTM 在 SCOR（Supply-Chain Operations Reference-model）模型中提出了度量供应链绩效的 11 项指标；Gunasekaran从战略、战术、运作三个方面建立了供应链绩效评价体系；马士华等从客户服务、生产与质量、资产管理、成本四个方面提出了一系列供应链绩效评价的一般性统计指标，并提出了产销率指标、平均产销率绝对偏差指标、产需率指标等；霍佳震从顾客价值（顾客满意度）、集成供应链价值（集成供应链绩效财务指标、总成本、产出指标）对集成供应链绩效进行了评价。目前已有的供应链绩效评价指标的设置基本上是针对以制造企业或零售企业为主导的产品供应链为前提来进行的，而对以集成物流服务供应商为主导的物流服务供应链的绩效评价体系几乎是一片空白。我们认为，对物流服务供应链的绩效设置合理的评价指标并进行评价是非常必要的。所谓评价指标体系框架，可以理解为从哪些层面对物流服务的绩效水平进行评价，这些层面结合在一起应能反映物流服务供应链的综合绩效水平。

形成物流服务供应链的主体多，结构复杂，服务水平的高低是由众多因素的共同作用决定的。物流 JIT 业务供应链绩效水平的高低主要取决于客户满意度、财务和成本状况，各个服务供应商之间的合作关系以及发展能力。本文在考虑物流服务供应链整体服务满意度的基础上，结合物流服务过程中财务和成本状况，围绕物流服务供应商之间的协同发展问题，提出了一套物流服务供应链绩效评价指标体系框架，包含四个一级指标：顾客满意、财务状况、成本状况和协同状况。

（二）具体评价指标的选取

依据以上的框架设置，建立以下具体的评价指标。有些指标是各个行业通用的，如财务指标。针对这些指标，结合物流服务供应链的具体特点，建立了本系统的评价指标体系，如反映港口物流服务供应链运作中供应商之间的协同发展等指标。

1. 顾客满意

顾客是物流企业赖以生存的外部资源，也是企业重要的利益相关者。"满意"是一种感觉状态下的水平，顾客满意是顾客在以前经验以及对我们产品或财务和组织的期望，与从我们组织及产品或服务实际感受到的结果之间差距的一种情绪反应，它能够有效地衡量物流服务绩效。但是顾客满意度是各个客户对企业服务的主观评价，不易量度。客户对于物流服务供应链的满意程度可通过服务的时间柔性、准时交货比率、服务响应速度等十一个具体方面转化为可衡量的指标，这些指标反映了顾客对于物流服务供应链的要求。

（1）时间柔性。柔性是指快速而经济地处理由于环境变化或客户需求改变引起的不确定性的快速响应能力，它强调企业对环境变化的适应能力。柔性作为供应链的一项重要指标，不只意味着管理风险的能力，更意味着比竞争对手处于更好的态势，甚至从中获得竞争优势。一个拥有柔性供应链的企业，除了可以维持经营活动之外，能比没有柔性的或柔性更弱的竞争对手更迅捷、更有利地做出反应，从而获得竞争优势。

时间柔性反映了物流服务供应链在顾客需求变化后的响应速度，体现了顾客需求的时间价值。可以采用本物流服务供应链的平均响应时间与同行业的其他物流服务供应链的平均响应时间的比来衡量。设同行业其他物流服务供应链的平均响应时间为 T，本物流服务供应链每次对顾客服务需求的响应时间为 t_i，N 为时段 t 内顾客质询的次数，则时间柔性为：

$$F_I = (\frac{1}{N}\sum_{i=1}^{n} t_i / T)$$

（2）数量柔性。数量柔性主要是顾客需求数量的不确定性引起的，它反映了物流服务供应链对顾客需求数量变化的适应能力，可以用物流服务供应链满足的需求数量占顾客总需求数量的百分比表示。设 t 时期可分为

M 个时段，d 为 t 时期内供应链满足的平均需求量，d_m 为第 m 个阶段供应链满足的需求量，则 $d = \dfrac{1}{M}\sum_{m=1}^{M} d_m$；$D$ 为 t 时期内顾客平均总需求量，D_m 为第 m 个阶段顾客总的需求量（预测），则 $D = \dfrac{1}{M}\sum_{m=1}^{M} D_m$。数量柔性可表示为：

$$F_I = \frac{d}{D}$$

（3）准时交货比率。准时交货能力是物流服务供应链协同效果的一个重要指标。准时交货是指按照购买商的要求在规定的时间内将购买商所购买的货物送达购买商手中，所以准时并不是一个时点，而是一个时期。准时交货比率可以用一定时期内准时交货次数（数量）与总交货次数（数量）的百分比来表示。准时交货率越高，说明其协作配套的生产能力越强。准时次数和总交货次数都可以从交货数据库中获取，因此方便用来评价交货准时性。一定时期内物流服务的准时交货（次数）比率可表示为：

$$准时交货比率 = \frac{准时交货次数}{总交货次数} \times 100\%$$

（4）运输安全性。运输作业风险包括运输工具风险与运输货物风险，运输工具风险主要表现为超载运输，驾驶员在不正常状态下开车（酒后开车，患有某些慢性病的人驾车，服了某些药物驾车和疲劳驾驶），违规驾驶和不安全车辆的运输作业等；运输货物风险主要是货物破损、灭失和延时到达等风险。运输安全性通常以物流运输过程中报告期内安全行驶总公里数计算。

（5）物品错发率。配送是物流中一种特殊的、综合的活动形式。在配送过程中因为品种批次都很多，可能会出现工作人员填写录入失误等原因导致的分拨路径发生错误，从而发生错发错运的现象。物品错发率的计算方式为：

$$物品错发率 = \frac{年物品错发货数}{年运输物品总数} \times 100\%$$

（6）仓储安全率。仓储是对有形物品提供存放场所，对存放物品进行相应保管，并实施物品存取过程管理的行为总称。在仓储过程中物流企业要提供坚固、合适的仓库，对进入仓储环节的货物进行堆存、管理、保管、保养、维护等一系列活动。仓储作业的风险主要有货物的数量风险和质量风险。数量风险表现在货物灭失或被盗，库存量过大导致资金占有或货物贬值；质量风险则为保管不善所导致的货物破损、生锈、变质、腐烂或霉变等。仓储安全率通常定义为某段时间内仓库货物保存完好的比率。

$$仓储安全率 = \frac{年仓储物品完好数量}{年仓储物品总数} \times 100\%$$

（7）顾客抱怨率。由于服务系统的开放性，服务企业要完全做到"零缺陷"是非常困难的。当实际得到的服务与预期的服务不一致时，顾客便会产生不满。在此情况下，顾客可能选择提出抱怨、保持沉默但转向竞争者、保持沉默并继续光顾。顾客抱怨率反映了服务商所提供的服务没有达到顾客预期期望的程度。在某一段时间内顾客抱怨率可表示为：

$$顾客抱怨率 = \frac{顾客抱怨次数}{总交易次数} \times 100\%$$

（8）出、入库准确率。对于货物出入库，仓库工作人员应根据交货单的内容和既定的验收制度等对物品的品种、规格、数量、质量、到货时间和其他相关内容进行检查验收，特别是货物的质量是否达到相关标准。验收时必须严格，并认真填具验收报告。对于不符合要求的，及时报告有关部门和人员，并查明原因，及时进行退货、违约等处理。符合要求的予以出入库，填制多联出入库单据，对出入库货物要定期进行循环盘点确保账实相符。出、入库准确率的计算方式为：

$$出、入库准确率 = \frac{期内盘点吞吐量 - 期内出现差错总量}{期内盘点吞吐量} \times 100\%$$

（9）交货提前期。在供应链管理中，时间已成为竞争的关键因素，在当今的信息社会，越来越多的企业采取以时间换空间的方法来减少货物库存量，大量研究和实例已证明交货期的压缩会给企业带来巨大收益，越来越多的企业意识到在进行物流服务过程中还应重视与时间相关的交货提前期。

交货提前期是指企业发出订单到收到订货之间的时间。对于需求方来说，交货提前期越短越好。缩短交货提前期，既能减少需求方的库存量，又能提高企业对客户需求的反应速度，从而可以提高整个物流服务供应链的客户满意度。

（10）服务响应速度。物流服务供应链要想在残酷的竞争中生存和发展，必须构建与自己企业特点相适应的快速服务响应战略。它要求物流服务供应链中的各节点企业必须做到快速发现顾客需求、快速响应顾客需求，对顾客的服务需求处理速度越快，说明其敏捷性越强，协同程度也越高。

在物流的各经营环节中真正重视时间、讲究速度，这是确立一个物流服务供应链快速响应顾客需求速度优势的首要前提。计算顾客需求响应速度可以用每次需求平均响应时间来衡量，也就是从接到顾客需求信息到做出快速响应所需要的时间。

$T_S = \sum_{i=1}^{n} t_i/n$，式中，$T_s$ 为响应速度；n 为一定时期内不协调问题总数；t_i 为解决第 i 个问题的时间。

（11）顾客抱怨解决时间。服务产品的无形性、异质性、不可储存性等特点决定了服务质量的不稳定，以及服务失误的不可避免。失误发生以后，如果顾客向企业提出抱怨，那么企业对顾客抱怨的处理情况就成为强化或恶化顾客关系的关键因素。顾客总是希望企业能够快速有效地进行补救，鉴于此，正确高效地处理顾客投诉和抱怨是维持较高的顾客满意度和忠诚度的关键，纠正服务失误和处理顾客抱怨的补救服务显得十分必要。顾客抱怨解决时间可定义为顾客提出抱怨或投诉到顾客接受满意处理为止的时间间隔。

2. 财务状况

任何类型企业在评价其能力水平时都会跟财务指标挂钩，物流服务供应链绩效评价也同样要反映在财务指标上。物流企业的财务状况应包括资产运营能力、偿债能力、盈利能力和发展能力等四个方面。经营者业绩主要通过经营者在经营管理企业的过程中，企业经营、成长、发展所取得的成果和所做出的贡献来体现。本文仅选用基本指标对物流服务供应链绩效进行初步评价，基本指标主要由八项计量指标构成。具体如下：

（1）总资产周转率。总资产周转率是综合评价物流服务供应链全部资产经营质量和利用效率的重要指标。其计算公式如下：

$$总资产周转率（次）=\frac{营业收入净额}{平均资产总额}\times100\%$$

式中：营业收入净额是指物流企业当期提供的物流服务主要经营活动取得的收入减去折扣与折让后的数额。

$$其中：平均资产总额=\frac{年初资产总额+年未资产总额}{2}$$

该项指标反映物流服务供应链整体资产的周转及营运能力水平，这是衡量企业资产管理水平和使用效率的一个重要内容。一般来说，总资产周转率越高，周转速度越快，营运能力越强，物流服务供应链全部资产的管理质量和利用效率越高。它不但能反映物流服务供应链本年度及以前年度总资产的运营效率及其变化，而且可以发现与同类企业在资产利用上存在的差距。

（2）流动资产周转率。流动资产周转率指物流服务供应链在一定时期营业收入净额同平均流动资产总额的比值。它是评价物流服务供应链资产利用效率的又一主要指标，其计算公式如下：

$$流动资产周转率（次）=\frac{营业收入净额}{平均流动资产总额}\times100\%$$

$$其中：平均流动资产总额=\frac{年初流动资产总额+年未流动资产总额}{2}$$

通过对该指标的分析，一方面促进物流服务供应链加强内部管理，充分利用流动资产（降低物流成本，调动闲置货币投资创造收益），同时采取措施扩大用户，提高流动资产综合使用效率。该指标越高，表明物流服务供应链流动资产周转速度越快，利用率越高。流动资产相对节约，起到增强物流服务供应链盈利能力的作用。

（3）资产负债率。资产负债率是指在一定时期内（通常为一年）负债总额与资产总额的比率。它表示企业总资产中有多少是通过负债筹集的，该指标是评价物流企业负债水平的综合指标。其计算公式如下：

$$资产负债率=\frac{资产负债总额}{资产总额}\times100\%$$

式中：负债总额是指物流企业承担的各项短期负债和长期负债总和。资产总额是指物流企业拥有各项资产价值的总和。

资产负债率主要反映企业的资产负债比例，它是衡量企业的经济实力、稳健经营及财务风险的重要尺度。适度的资产负债率既能表明企业投资人、债权人的投资风险较小，又能表明企业经营安全、健康、有效，具有较强的筹资能力。资产负债率是国际公认的衡量企业负债偿还能力和经营风险的重要指标，保守的经验判断为小于50%。

（4）已获利息倍数。已获利息倍数也称利息保障倍数，是指一定时期息税前利润与利息支出的比值，它反映物流服务供应链偿还债务的能力。计算公式如下：

$$已获利息倍数 = \frac{息税前利润}{利息支出}$$

式中：息税前利润＝利润总额+实际利息支出。该指标越高，表明物流服务供应链的债务偿还越有保证；越低则表明没有足够的资金来源偿还债务利息。国际上公认的企业已获利息倍数为3。但是不同行业有不同的标准界限，一般不得低于1，否则企业债务风险很大。

（5）总资产报酬率。总资产报酬率的一般意义是指一定时期内息税前利润与平均资产总额的比率，它表示企业包括负债和所有者权益在内的全部资产总体的获利能力，是评价企业资产运营效益的重要指标。其计算公式为：

$$总资产报酬率 = \frac{息税前利润}{平均资产总额} \times 100\%$$

（6）净资产收益率。净资产收益率体现了投资者投入企业的自有资本获取净收益的能力，突出反映了投资与报酬的关系，反映了企业资本运营的综合效益，是最具有综合性与代表性的指标。其计算公式如下：

$$净资产收益率 = \frac{净利润总额}{平均净资产} \times 100\%$$

$$其中：平均净资产 = \frac{（所有者权益年初数+所有者权益年末数）}{2}$$

通过对该指标的综合对比分析，可以看出物流服务供应链获利能力在同行业中所处的地位，以及与同类企业的差异水平。它反映了物流企业所有者权益的投资报酬率，收益率高，表明企业自有资本获取收益的能力越强，运营效益越好，对企业投资者及债权人的保证程度越高；反之则弱。

（7）营业增长率。营业增长率是指企业本年营业收入增长额相对于上年营业收入总额的比率。营业增长率反映了与上年相比物流服务供应链营业收入的增减变动情况，是衡量物流服务供应链成长状况和发展能力的重要指标。指标计算公式为：

$$营业增长率 = \frac{本年营业收入增长额}{上年营业收入总额} \times 100\%$$

不断增加的营业收入是物流服务供应链的生存基础和发展条件。营业增长率是衡量物流服务供应链的经营状况和市场占有能力、预测企业经营业务拓展趋势的重要标志，也是物流服务供应链扩张增量和存量资本的重要前提。营业增长率越高表明增长速度越快，市场前景越好。

（8）资本积累率。资本积累率即股东权益增长率，是指企业本年所有者权益增长额同年初所有者权益的比率。资本积累率表示企业当年资本的积累能力，是评价企业发展潜力的重要指标。

$$资本积累率 = \frac{本年所有者权益}{年初所有者权益} \times 100\%$$

其中：本年所有者权益增长额 = 所有者权益年末数 − 所有者权益年初数

资本积累率越高表明物流服务供应链资本积累越多，物流服务供应链发展潜力越大，资本保全性越好，应付风险、持续发展的能力越强。如果该指标为负值，表明物流服务供应链资本受到侵蚀，所有者利益受到损害。它可以促使物流服务供应链持续经营和经营实力的不断增强，对严重的短期行为是一种约束。

3. 成本状况

物流服务供应链绩效最直接地反映于完成目标所发生的真实成本，反映了物流服务商在满足用户要求的基础上对资源的利用程度。成本是物化劳动和活劳动的货币表现，成本管理可以帮助服务供应链发现成本的高低，可以根据成本计算的结果，为管理供应链、调整供应链和评价供应链提供科学的依据。

（1）信息成本。信息成本是为企业效益目标提供确定性导向而形成对各种信息活动的投入，或称将企业效益目标信息对象化了的费用，包括寻找和发现有效的信息内容而发生的成本；为收集、加工、处理协同信息内容而发生的技术性成本，如信息工具、物流企业内部和物流服务供应链上各个成员企业间信息网络建设等技术硬件方面的成本和系统软件成本；信息人力资本的投入，如信息主管的企业配备、信息工作人员的配置、员工信息能力的培训费用等；信息制度、信息环境方面的成本，如为企业专有信息保护、信息安全及其他方面的信息活动开支；软硬件折旧费；其他信息成本。

（2）运输成本。物流运输成本是为完成货物运输而支出的各种成本总和。运输成本占物流成本的比重较大，有调查结果表明，运输成本占物流总成本的40%～50%，占商品价格的4%～10%，是影响物流成本的重要因素。在实际运输过程中，返程或启程空驶、迂回运输、重复运输和运力选择不当等不合理运输都会导致额外费用和消耗，大大增加物流运输费用。对运输成本进行评价的目的，是要通过对成本的核算、分析和考核，挖掘具有低成本潜力的物流服务供应链，以降低物流服务供应链的费用，从而增加盈利。结合运输耗费的实际情况，物流企业的运输成本主要包括以下几点：①人工费用。如工资、福利费、奖金、津贴和补贴等。②营运费用。如营运车辆的燃料费、轮胎费、折旧费、维修费、租赁费、车辆牌照检查费、车辆清理费、养路费、过路过桥费、保险费、公路运输管理费等。③其他费用。如差旅费、事故损失、相关税金等。

（3）仓储成本。仓储是物流的基本平台和中心环节。仓储就是在一定的场所内，对货物的暂时存放，实现货物的包装、再加工等增值环节的服务。通过对近几十年物流企业总成本变化的分析，仓储成本的降低是总成本降低的主要因素。仓储成本主要是仓储持有成本，它是由于产品延迟所产生的成本。仓储持有成本可以分为固定成本和变动成本两大部分。固定成本与一定限度内的仓储数量无关，如仓储设备折旧、仓储设备的维护费用、仓库职工工资等；变动成本与仓储数量的多少相关，如仓储物品的毁损和变质损失、保险费用、搬运装卸费用、挑选整理费用等。变动成本主要包括以下四项成本：仓储维护成本、仓储运作成本、仓储风险成本和仓储管理费用。

（4）流通加工成本。为了提高物流速度和物资利用率，在商品进入流通领域后，还需按用户的要求进行一定的加工活动。即在商品从生产者向消费者流动的过程中，为了促进销售、维护商品质量、实现物流的高效率所采用的使商品发生形状和性质的变化，这就是流通加工成本的来源。流通加工成本构成内容主要有：①流通加工设备费用。②流通加工材料费用。③流通加工劳务费用。即在流通加工过程中，支付给从事加工活动的工人及有关人员的工资、奖金等费用。④流通加工的其他费用。除上述费用外，在流通加工中耗用的电力、燃料、油料以及车间经费等费用，也应加到流通加工成本之中去。

4. 协同发展

物流服务供应链是由功能型物流服务提供商、物流服务集成商和客户等多个成员企业组成，每个企业的竞争战略可能会与供应链的竞争战略不一致。在战略不一致的情况下，如果各个企业只是朝自己的战略目标奋斗，最终可能会导致顾客满意度下降和供应链整体竞争优势丧失。所以，在评价供应链物流服务能力时，必须考虑节点企业之间的协同效果，其协同效果越好，供应链整体取得良好绩效的机会也就越大。物流服务集成商可以通过制定业务标准来指导、规范和协调供应链中各个功能型物流服务提供商的运营，因此可通过业务标准覆盖业务活动的水平来判断供应链的协同能力。发展潜力是指物流服务供应链可预期的价值生产能力，是物流服务供应链能为消费者带来的潜在效用和市场空间中的内在发展趋势。潜力分析可以使决策者更清醒地认识本物流服务供应链在竞争中所具有的资源、能力以及所处的竞争位置，从而避免过度竞争所导致的资源的加速衰竭。很多物流服务供应链很容易因自身较高的竞争水平而忽视了对潜力的分析和挖掘，发展潜力是影响物流服务供应链未来发展的一个重要指标，潜力是决定物流服务供应链成长的极限。判断协同发展可从计划协同率、服务创新能力等八个方面分析。

（1）计划协同率。做任何事情都需要有计划，物流服务供应链的各节点企业的业务流程也不例外，而预测是计划的第一步，物流服务供应链的各节点企业要按照预测进行服务活动，所以必须要保证预测结果尽量准确,预测准确程度将直接影响供应链节点企业间的业务协同。我们假定各节点企业的业务活动不受瓶颈资源限制,能正常进行,实际完成数即可以反映需求量,而计划完成数反映了预测的结果,计划协同程度可通过各节点企业预测准确率的平均值来衡量,其计算公式为:

$$预测准确率 = \frac{实际完成数}{计划数} \times 100\%$$

设节点企业的预测准确率为 t_i,节点企业的个数为 N,则物流服务供应链的计划协同率 T_D 为: $T_D = \sum_{i=1}^{n} t_i / N$。该指标数值越接近100%,说明物流服务供应链各节点企业的协同度越高。

(2)信息传输及时率。为了提高对市场需求变化的反应能力,必须提高供需协调的敏捷性,因此,信息传输及时率也是反映物流服务供应链协同程度的一个指标。如果信息传输不及时,则可能由于信息传输延误而造成决策上的失误,从而影响物流服务供应链节点企业合作的满意度。因此,在协作过程中,物流服务供应链节点企业应该在传输时间上达成协议,即多长时间应该传输一次信息,超过规定的时间传输的信息就列入不及时的信息行列。

(3)仓库平均利用率。仓库平均利用率是个正指标,这个指标越高,说明物资在企业仓库中平均停留的时间越短,采购的效率越高,节点企业协同库存管理水平越高。

(4)合作信任度。信任度(Trustworthiness)是指一个实体对另一个实体的信任程度,用一个实数表示信任度,取值范围为 0~10,如果信任度取值为 0,表示一点也不信任,如果取值为 10,表示完全信任,信任度的值越大,则信任的程度越高。

合作信任度体现在双方都致力于对合作有益的改进,而不只关心单方面的利益;双方相互通报可能对伙伴有影响的事件与变化;组织在合作中提出的建议经常得到节点企业的支持等几个方面。合作信任度的评定可根据专家评分法来确定。

(5)信息传输失真率。在物流服务供应链中,由于节点企业信息传输的失真所造成的不协同是不容忽视的,许多物流服务供应链就是由于信息不对称，使得它不能快速响应顾客需求的变化，造成严重的损失。传输的信息是否准确，反映了信息处理的质量，只有依据正确的信息才能做出正确的决策。在物流服务供应链中，信息传输失真率越低，说明供需双方的协同程度越高。

（6）人员素质。用德尔菲法，请专家对物流服务供应链的人员素质情况进一步评分来确定方案评价指标的实际值，给定判分的标准是按照10分的标准。其中包括专业技能、工作态度、学历学位、技术职称、合作能力等几个方面。

（7）平均服务市场占有率。平均服务市场占有率是指一定时期内物流服务供应链提供的服务额（服务量）在行业总服务额（服务量）中占的比例。它是衡量物流服务供应链在市场上的势力范围的重要标志。平均服务市场占有率高，不仅能为物流服务供应链带来更多的利润，提升企业形象，增加企业的无形资产价值，还能够使企业提高品牌知名度和影响力。平均服务市场占有率高，有助于企业学习、创新，有利于企业的长远规划，有利于企业坚守本行并将学习重点集中在它们的重要技术和独特能力上。因此，平均服务市场占有率对衡量发展潜力具有战略意义。

（8）服务创新能力。所谓服务创新是指将一种新服务引入市场，以实现其商业价值。集成服务供应商应该不断地在物流服务过程中，进行服务创新，为客户多提供既能满足客户的一般需求，又能为客户提供特殊的增值利益的服务，进而提高物流服务供应链的核心竞争力。服务创新能力的强弱已成为物流企业是否具有发展潜质的重要标志。服务创新能力主要包括创新组织管理能力、创新服务研发能力、创新服务实施能力、创新服务营销能力、创新学习和成长能力等五个方面。可通过专家评分法来确定，给定判分的标准是按照10分的标准。

通过对以上四个一级评价指标的31个二级评价指标的介绍和计算，我们可以针对物流服务供应链进行评分和计算，从而确定每一条物流服务供应链的各项选择指标的分值，为决策者评价港口物流服务供应链打下基础。

总之，这种港口物流服务供应链协同运作模式，可无缝链接客户上、下游企业，以提高物流企业全环节运作效率、降低物流整体费用，使服务和需求得到更好的融合，解决了客户和物流企业之间的运行和管理分歧，将在企业间形成一种互惠互利、长期合作的伙伴关系。整合了物流服务和物流网络，以最大利益为原则，可以有效地控制和解决各种利益冲突问题，真正实现了与客户的无缝链接；可以提高物流服务效率、降低成本、提高质量，使企业比竞争对手更快、更多、更好、更经济地将产品或服务供应给客户。

参 考 文 献

［1］UNCTAD Secretariat. Development and Improvement of Port Principles of Modern Port Management and Organization ［R］. Geneca: UNCTAD secretariat. 1992.

［2］UNCTAD Secretariat. Port Marketing and the Challenge of the Third Generation Port ［R］. Geneca: UNCTAD secretariat. 1992.

［3］UNCTAD Secretariat. Technical Note: Fourth-generation Port ［J］. Ports Newsletter, 1999.

［4］PAIXAO A C, MARLOW P B. Fourth Generation Ports: a Question of Agility ［J］. Physical Distribution & Logistics Management, 2003, 33（4）.

［5］真虹. 第四代港口的概念及其推行方式 ［J］. 交通运输工程学报, 2005, 5（4）.

［6］黄俏梅. 打造第三代港口, 提高综合竞争能力 ［J］. 时代经贸, 2007（9）.

［7］孙光圻, 刘洋. 现代港口发展趋势与"第四代港口"新概念 ［J］. 中国港口, 2005（6）.

［8］吴鹏华. 第四代港口新概念与国内港口发展战略 ［J］. 水运管理, 2007, 29（2）.

［9］Christian Bierwirth, Frank Meisel. A Survey of Berth Allocation and Quay Crane Scheduling Problems in Container Terminals ［J］. European Journal of Operational Research, 2010, 202（3）.

［10］Lu Chen, Zhiqiang Lu. The Storage Location Assignment Problem for Outbound Containers in a Maritime Terminal ［J］. International Journal of Production Economics, 2012, 135（1）.

［11］ Matthew E. H. Petering. Decision Support for Yard Capacity, Fleet Composition, Truck Substitutability, and Scalability Issues at Seaport Container Terminals ［J］. Transportation Research Part E: Logistics and Transportation Review, 2011, 47（1）.

［12］ Jinxin Cao, Qixin Shi. Integrated Quay Crane and Yard Truck Schedule Problem in Container Terminals ［J］. Tsinghua Science & Technology, 2010, 15（4）.

［13］ Qingcheng Zeng, Zhongzhen Yang. Models and Algorithms for Multi-crane Oriented Scheduling Method in Container Terminals ［J］. Transport Policy, 2009, 16（5）.

［14］ Peng-fei ZHOU, Hai-gui KANG. Study on Berth and Quay-crane Allocation under Stochastic Environments in Container Terminal ［J］. Systems Engineering Theory & Practice, 2008, 28（1）.

［15］真虹, 刘桂云. 柔性化港口的发展模式 ［M］. 上海交通大学出版社, 2008.

［16］刘桂云, 真虹. 港口柔性评价 ［J］. 浙江大学学报（理学版）, 2009（5）.

［17］王凌峰. 展望中国港口经济发展新机遇 ［J］. 中国海事, 2009（11）.

［18］王诺, 赵冰. 港口代际的本质特征及其演化规律 ［J］. 中国港口建设, 2010（4）.

［19］陈羽. 我国港口物流的特点和发展趋势 ［J］. 水运管理, 2010（8）.

［20］杨晋. 我国港口物流发展现状及对策 ［J］. 物流工程与管理, 2010（1）.

［21］WANG Chuan-XU. Optimization of Hub-and-Spoke Two-stage Logistics Network in Regional Port Cluster ［J］. Systems Engineering Theory & Practice, 2008, 28（9）.

［22］Rafay Ishfaq, Charles R. Sox. Hub Location-allocation in Intermodal Logistic Networks ［J］. European Journal of Operational Research, 210（2）.

[23] Thomas Huth, Dirk C. Mattfeld. Integration of Vehicle Routing and Resource Allocation in a Dynamic Logistics Network [J]. Transportation Research Part CEmerging Technologies, 2009, 17 (2).

[24] 杨静蕾. 集装箱码头内部物流网络运作研究 [D]. 上海：上海海事大学, 2003.

[25] 洪承礼. 港口规划与布置 [M]. 北京：人民交通出版社, 1998.

[26] 张培林, 黎志成. 港口布局层次性的形成机理及经济分析[J]. 武汉交通科技大学学报, 2000.

[27] 宋海良, 吴澎, 邓筱鹏, 等. 外高桥现代集装箱港区规划与设计 [J]. 水运工程, 2005.

[28] 戴禾. 物流基础设施体系规划中的若干理论和方法研究 [D]. 上海：同济大学, 2003.

[29] 潘文安. 物流园区规划与设计 [M]. 北京：中国物资出版社, 2005.

[30] 韩晓龙. 集装箱港口装卸作业资源配置研究 [D]. 上海：上海海事大学, 2005.

[31] 周鹏飞. 面向不确定环境的集装箱码头优化调度研究 [D]. 大连：大连理工大学, 2005.

[32] 张婕姝. 集装箱码头生产调度优化研究 [D]. 上海：上海海事大学, 2006.

[33] Petering, Matthew Erich Harold. Design, Analysis, and Real-time Control of Seaport Container Transshipment Terminals [D]. University of Michigan, 2007.

[34] Akio Imai, Etsuko Nishimura. Berth Allocation at Indented Berths Formega-containerships [J]. European Journal of Operational Research, 2007, 179 (2).

[35] A. V. Goodchild, C. F. Daganzo. Crane Double Cycling in Container Ports: Planning Methods and Evaluation [J]. Transportation Research Part B: Methodological, 2007, 41 (8).

［36］Emmanuel Guy, Yann Alix. A Successful Upriver Port, Container Shipping in Montreal ［J］. Journal of Transport Geography, 2007, 15 (1).

［37］Etsuko Nishimura, Akio Imai. Container Storage and Transshipment Marine Terminals ［J］. Transportation Research Part E: Logistics and Transportation Review, 2009, 45 (5).

［38］Mohammad Bazzazi, Nima Safaei. A Genetic Algorithm to Solve the Storage Space Allocation Problem in a Container Terminal ［J］. Computers & Industrial Engineering, 2009, 56 (1).

［39］Anna Sciomachen. A 3D-BPP Approach for Optimizing Stowage Plans and Terminal Productivity ［J］. European Journal of Operational Research, 2007, 183 (3).

［40］封学军. 港口群系统及其优化研究 ［D］. 南京: 河海大学, 2007.

［41］Mariow PB, ACP Casaca. Measuring Lean Ports Performance ［J］. International Journal of Transport Management, 2003, 1 (4).

［42］Standard, Davis D. A Proven Strategy for Lean Manufacturing ［M］. Hanser Gardner Publications, 1999.

［43］张婕姝, 真虹. 基于供应链思想的第四代港口概念特征及发展策略研究 ［J］. 中国港湾建设, 2009 (10).

［44］高洁, 真虹. 港口与供应链的互动发展 ［J］. 上海海事大学学报, 2009 (9).

［45］车丽娜. 口岸公共物流信息平台建设规划 ［D］. 中国优秀博硕士学位论文全文数据库 (硕士), 2007.

［46］Weniuan Zhao, Anne V Goodchild. The Impact of Truck Arrival Information on Container Terminal Rehandling ［J］. Transportation Research Part E: Logistics and Transportation Review, 2010, 46 (3).

［47］Francesco Longo. Design and Integration of the Containers Inspection Activities in the Container Terminal Operations ［J］. International Journal of Production Economics, 2010, 125 (2).

［48］Bin WANG, Guo-ehun TANG. Stochastic Optimization Model for

Container Shipping of Sea Carriage [J]. Journal of Transportation Systems Engineering and Information Technology, 2010, 10 (3).

[49] Won Young Yun, Yu Mi Lee, Yong Seok Choi. Optimal Inventory Control of Empty Containers in Inland Transportation System [J]. International Journal of Production Economics, 2010, 133 (1).

[50] Koichi Shintani, Rob Konings, Akio Imai. The Impact of Foldable Containers on Container Fleet Management Costs in Hinterland Transport [J]. Transportation Research Part E: Logistics and Transportation Review, 2010, 46 (5).

[51] R. Tavakkoli-Moghaddam, A. Makui. An Efficient Algorithm for Solving a New Mathematical Model for a Quay Crane Scheduling Problem in Container Ports [J]. Computers & Industrial Engineering, 2009, 56 (1).

[52] Qingcheng Zeng, Zhongzhen Yang. Integrating Simulation and Optimization to Schedule Loading Operations in Container Terminals [J]. Computers & Operations Research, 2009, 36 (6).

[53] Mohammad Bazzazi, Nima Safaei, Nikbakhsh Javadian. A Genetic Algorithm to Solve the Storage Space Allocation Problem in a Container Terminal [J]. Computers & Industrial Engineering, 2009, 56 (1).

[54] Mandelbaum. Flexibility and Decision making [J]. European Journal of Operational Research, 1990 (44).

[55] Zelenovie D. M. Flexibility—a Condition for Effective Production Systems [J]. International Journal of Production Research, 1982 (20).

[56] 邓明然. 企业理财系统柔性的理论与方法研究 [M]. 湖北工业大学出版社, 2004.

[57] Frazeue E. H. Flexibility: A Strategic Response in Changing Times [J], Industrial Engineering, 1986 (3).

[58] Gupta D., Buzacott J. A. A Framework for Understanding Flexibility of Manufacturing System [J]. Journal of Manufacturing System, 1989 (2).

[59] I. J. Chen, Chung C. H. The Marketing-manufacturing Interface and Manufacturing Flexibility [J]. OMEGA, 1992 (20).

［60］陈荣秋. 柔性研究中的若干问题［J］. 管理工程学报, 1998 (10).

［61］周炳海, 施海峰, 蔡建国. FMS 计划中的零件分批和机床复合分配集成算法［J］. 组合机床与自动化加工技术, 2001 (11).

［62］吴平, 吴盛济. FMS 零件族初选模型［J］. 南京理工大学学报, 1994 (3).

［63］RN Tomasfik, PB Luh. Scheduling Flexible Manufacturing Systems For Apparel Production［J］. IEEE Transactions on Robotics and Automation, 1996, 12 (5).

［64］李郝林. 基于生物遗传算法的 FMS 生产调度算法［J］. 机械工程学报. 2000 (9).

［65］余琦玮, 赵亮. 基于遗传算法的柔性作业车间调度优化［J］. 组合机床与自动化加工技术, 2004 (4).

［66］刘飞, 杨舟. CIMS 制造自动化［M］. 北京: 机械工业出版社, 1997.

［67］Rajan Suri, Richard R. Hildebrant. Modeling Flexible Manufacturing Systems Using Mean Value Analysis［J］. Journal of Manufacturing Systems, 1983, 3 (1).

［68］Andrea D'Angelo, Massimo Gastaldi, Nathan Levialdi. Production Variability and Shop Configuration: An Experimental Analysis［J］. International Journal of Production Economics, 2000, 68 (1).

［69］董华. 柔性管理初探［J］. 甘肃社会科学, 2001 (5).

［70］聂规划, 方澜. 企业柔性及其度量研究［J］. 武汉理工大学学报, 2002 (3).

［71］Sanchez R. Strategic Flexibility in Product Competition［J］. Strategic Management Journal, 1995 (16).

［72］Kay M. Making Mass Customization Happen: Lessons for Implementation［J］. Planning Review, 1993 (4).

［73］邵晓峰, 黄培清. 大规模定制生产模式的研究［J］. 工业工程与管理, 2001 (2).

［74］ Pine J., Victor B., Boynton, A. C. Making Mass Customization Work ［J］. Harvard Business Review, 1993, 71 (5).

［75］ Hart C. Mass Customization: Conceptual Underpinnings, Opportunities and Limits ［J］. International Journal of Service Industry Management, 1995, 6 (2).

［76］ Kotha S. Mass Customization: Implementing the Emerging Paradigm for Competitive Advantage ［J］. Strategic Management Journal, 1995, 16 (S1).

［77］ Joneja Ajay, Lee Neville K. S. Automated Configuration of Parametric Feeding Tools for Mass Customization ［J］. Computers and Industrial Engineering, 1998, 35 (3).

［78］ 朱斌, 江平宇. 面向大批量定制生产的产品族设计技术综述 ［J］. 机械设计, 2002 (8).

［79］ 张建军. 大批量定制的客户驱动模型与产品配置方法研究 ［D］. 合肥: 合肥工业大学, 2005.

［80］ 姜晓鹏. 可重构制造系统性能综合评价研究 ［D］. 西安: 西北工业大学, 2007.

［81］ 华中生. 柔性制造系统和柔性供应链——建模、决策与优化 ［M］. 北京: 科学出版社, 2007.

［82］ Beamon B M. Supply Chain Design and Analysis: Models and Methods ［J］. International Journal of Production Economics, 1998, 55 (3).

［83］ Supply-chain Council. Supply-chain Operations Reference Model. Version 4.0 Pottsburgh, PA, 2000.

［84］ Lane P J, Lubatkin M. Relative Absorptive Capacity and Interorganizational Learning ［J］. Strategic Management Journal, 1998, 19 (5).

［85］ 陈志祥, 马士华, 陈荣秋. SCM 建模理论与方法研究 ［J］. 管理科学学报, 1999 (1).

［86］ 张守凤, 葛金田, 黄敏镁. 关于构建柔性供应链的战略思考 ［J］. 科技进步与对策, 2004 (1).

［87］ Voudoufis V T. Mathematical Programming Techniques to Debottleneck the Supply Chain of Fine Chemical Industries [J]. Computers and Chemical Engineering, 1996 (20).

[88] 钱芝网. 试论柔性供应链的构建 [J]. 物流科技, 2005 (121).

[89] Sabri E H, Beamon B M. A Multi-Objective Approach to Simultaneous Strategic and Operational Planning in Supply Chain Design [J]. Omega, 2000, 28 (5).

[90] 荆新轩. 运输通道——经济带系统耦合与协调的研究 [D]. 上海: 同济大学, 2009.

[91] 田炜. 集装箱港口网络效应研究 [D]. 大连: 大连理工大学, 2008.

[92] 张骑, 董代. 第四代港口发展模式形成的驱动因素分析 [J]. 中国航海, 2009 (6).

[93] 王诺, 赵冰. 港口代际的本质特征及其演化规律 [J]. 中国港湾建设, 2010 (4).

[94] 张婕姝, 真虹. 基于供应链思想的第四代港口概念特征及发展策略研究 [J]. 中国港湾建设, 2009 (10).

[95] Peter W. de Langen, Larissa M. van der Lugt. Chapter 5 Governance Structures of Port Authorities in the Netherlands [J]. Research in Transportation Economics, 2006 (17).

[96] Man'a Manuela González, Lourdes Trujilio. Reforms and Infrastructure Efficiency in Spain's Container Ports [J]. Transportation Research Part A: Policy and Practice, 2008, 42 (1).

[97] Tai-Yong Tan. Port Cities and Hinterlands: A Comparative Study of Singapore and Calcutta [J]. Political Geography, 2007, 26 (7).

[98] Sung-Woo Lee, DW Song, Cesar Ducruet. A Tale of Asia's World Ports: The Spatial Evolution in Global Hub Port Cities [J]. Geoforum, 2008, 39 (1).

[99] Kevin Cullinane, Ping Ji, Teng-fei Wang. The Relationship Between Privatization and DEA Estimates of Efficiency in the Container Port Industry

[J] . Journal of Economics and Business, 2005, 57 (5) .

[100] 刘英姿, 陈荣秋. 柔性 (Flexibility) 的概念及其控制模型 [J] . 机械与电子, 2002 (1) .

[101] 陈禹六. IDEF 建模分析和设计方法 [M] . 北京: 清华大学出版社, 1999.

[102] Talluri, Yoon. A Cone-ratio DEA Approach for AMT Justification [J] . International Journal of Production Economics, 2000 (66) .

[103] Kim, Jang. Designing Performance Analysis and IDEF0 for Enterprise Modelling in BPR [J] . International Journal of Production Economics, 2002 (76) .

[104] 徐晓飞, 战德臣. 动态联盟企业组织方法体系 [J] . 计算机集成制造系统, 1999, 2 (1) .

[105] Ronald H. Bailou. 企业物流管理——供应链的规划、组织和控制 [M] . 北京: 机械工业出版社, 2002.

[106] 约翰·科伊尔. 企业物流管理: 供应链视角 (第七版) [M] . 北京: 电子工业出版社, 2003.

[107] Chen S H, Hwang C L. Fuzzy Multiple Attribute Decision Making: Methods and Applications [M] . New York: Springer Verlag, 1992.

[108] Zimmermann. Fuzzy Set Theory and Its Applications [M] . New York: Springer Verlag, 2012.

[109] Tanaka, Ichihashi, Asai. A Formulation of Fuzzy Linear Programming Problem Based on Comparison of Fuzzy Numbers [J] . Control and Cybernetics, 1984 (13) .

[110] 童时中. "现代模块化" 和 "模块化时代" ——模块化的回顾和展望 [J] . 世界标准化与质量管理, 2007 (12) .

[111] 吴建华. 可重构制造系统的设计与评估方法研究 [D] . 上海: 上海交通大学, 2006.

[112] 陈兴玉. 面向产品族的模块化产品设计理论与方法研究 [D] . 合肥: 合肥工业大学, 2009.

[113] 李随成. 客户化大生产运作基础理论 [M] . 北京: 科学出版

社，2003.

[114] 姜浩. 一种离散随机 Petri 网的性能计算和分析方法 [J]. 东南大学学报（自然科学版），2007 (6).

[115] 何平. 基于 Arena RT 的柔性制造单元控制系统仿真 [J]. 计算机集成制造系统，2009 (11).

[116] 方绍强. 基于 UML-ARENA 的建模与仿真方法研究 [J]. 系统工程与电子技术，2009 (3).

[117] 张晓东. 物流园区布局规划理论研究 [M]. 北京：中国物资出版社，2004.

[118] 白雪洁，王海平. 港口推动现代物流建立物流中心的战略意义 [J]. 水运管理，2004 (8).

[119] 王坚. 关于上海市港口物流园区规划和发展对策的思考 [J]. 港湾技术，2003 (3).

[120] 吴玮. 港口型物流园区规划建设方法及应用研究 [D]. 南京：南京工业大学，2005.

[121] 海峰，安进. 基于枢纽港口的现代物流园区建设探析 [J]. 科技进步与对策，2004.

[122] Azim Houshyor, Bob White. Comparison of Solution Procedures to the Facility Location Problem [J]. Computers Industrial Engineeting, 1997, 32 (1).

[123] 王昕岩，蔡临宁. 采用遗传算法进行车间平面布置 [J]. 工业工程与管理，2002 (4).

[124] 吉星照. 不确定环境下再制造逆向物流网络建模研究 [D]. 南京：东南大学，2006.

[125] http：//www. ie. ncsu. edu/mirage/GAToolBox/gaot/GAOT. zip.

[126] 张新燕. 港口集装箱物流系统规划与仿真建模方法的研究与实现 [D]. 武汉：武汉理工大学，2002.

[127] 唐臣. 基于随机 Petri 网的集装箱码头通过能力系统仿真 [D]. 大连：大连理工大学，2006.

[128] 赵楠. 基于熵权的港口柔性化评价 [J]. 港口经济，2009

(11).

[129] Jose Tongzon, Wu Heng. Port Privatization, Efficiency and Competitiveness: Some Empirical Evidence from Container Ports (Terminals) [J]. Transportation Research, 2005, 39 (5).

[130] 朱芳. 港口企业客户价值评价体系研究 [D]. 武汉: 武汉理工大学, 2010.

[131] 张梦霞, 石爱民. 我国港口服务企业发展战略研究 [J]. 经济纵横, 2010 (10).

[132] 上海港主页, www. ponshanghai. com. cn.

[133] 深圳港信息网, www. szport. net.

[134] 王玖河. 港口企业供应链的结构分析与优化 [D]. 秦皇岛: 燕山大学, 2007.

[135] 邱潇潇. 供应链环境下的环渤海地区港口战略联盟研究 [D]. 北京: 北京交通大学, 2006.

[136] 赵刚. 基于纵向战略联盟的日照港口供应链管理研究 [D]. 南京: 河海大学, 2007.

[137] 何悯. 厦门港港口战略联盟伙伴选择问题研究 [D]. 大连: 大连海事大学, 2006.

[138] 蔡芸. 港口集装箱物流系统仿真和优化方法的研究及应用 [D]. 武汉: 武汉理工大学, 2005.

[139] 韩晓龙. 集装箱港口装卸作业资源配置研究 [D]. 上海: 上海海事大学, 2005.

[140] 杨青. 港口码头营运系统计算机仿真 [D]. 南京: 河海大学, 2004.

[141] 张海峰. 基于 Petri 网的 FMS 物流系统建模及仿真 [D]. 西安: 西安理工大学, 2007.

[142] 扬懿. 集装箱港口通过能力系统研究 [D]. 大连: 大连理工大学, 2006.

[143] 张坤. 集装箱港口新型装卸工艺系统及其仿真研究 [D]. 武汉: 武汉理工大学, 2008.

[144] 胡强. 集装箱码头物流系统性能分析与仿真 [D]. 武汉：武汉理工大学，2005.

[145] 吴辉. 面向动态需求的 FMS 稳健性优化配置研究 [D]. 北京：北京交通大学，2004.

[146] 李玉民. 物流中心设施规划与运营系统建模方法研究 [D]. 南京：东南大学，2004.

[147] 张广存，张海霖. 多式联运集装箱港口物流系统分析与建模 [J]. 系统工程，2005 (12).

[148] 鲁子爱. 港口服务系统仿真与港口规模优化研究 [D]. 南京：河海大学，2001.

[149] 付博新. 集装箱港口规划领域的若干理论及方法研究 [D]. 大连：大连理工大学，2009.

[150] 焦新龙. 港口物流绩效评价体系研究 [D]. 西安：长安大学，2010.

[151] 赵庭发. 集装箱港口竞争分析与对策研究 [D]. 济南：山东师范大学，2009.

[152] 匡海波. 中国港口效率测度研究 [D]. 大连：大连理工大学，2007.

[153] 杨晗熠. 基于修正 AHP—模糊综合评判的港口功能评价方法研究 [D]. 青岛：中国海洋大学，2006.

[154] 朱晓兰. 模糊聚类法在物流园区网络布局中的应用 [D]. 上海：上海交通大学，2007.

[155] 董涛. 基于服务供应链的港口服务供应商选择评价研究 [D]. 大连：东北财经大学，2007.

[156] 王东耀. 第三方逆向物流供应商选择问题研究 [D]. 武汉：武汉科技大学，2009.

[157] 李兆强. 青岛市港口集疏运系统研究 [D]. 青岛：中国海洋大学，2009.

[158] 李晓龙. 柔性制造系统中的离散事件可视化建模与仿真 [D]. 沈阳：东北大学，2003.

图书在版编目（CIP）数据

长江港口物流服务供应链柔性构建问题研究/高飞著.—合肥：合肥工业大学出版社，2015.12

ISBN 978 - 7 - 5650 - 2577 - 8

Ⅰ.①长⋯　Ⅱ.①高⋯　Ⅲ.①长江—港口—物流—供应链—研究
Ⅳ.①U695.2

中国版本图书馆 CIP 数据核字（2015）第 311675 号

长江港口物流服务供应链柔性构建问题研究

高 飞 著　　　　　　　　　　责任编辑　王钱超

出　版	合肥工业大学出版社	版　次	2015 年 12 月第 1 版
地　址	合肥市屯溪路 193 号	印　次	2016 年 3 月第 1 次印刷
邮　编	230009	开　本	710 毫米×1010 毫米　1/16
电　话	人文编辑部：0551 - 62903205	印　张	10.5
	市场营销部：0551 - 62903198	字　数	158 千字
网　址	www. hfutpress. com. cn	印　刷	合肥星光印务有限责任公司
E-mail	hfutpress@163. com	发　行	全国新华书店

ISBN 978 - 7 - 5650 - 2577 - 8　　　　　　　定价：28.00 元

如果有影响阅读的印装质量问题，请与出版社市场营销部联系调换。